U0886450

识干家

日进日新　学以致用

零售

把客流变成购买力

如何用体验营销赚钱

丁昀◎著

中华工商联合出版社

图书在版编目（CIP）数据

零售：把客流变成购买力/丁昀著．—北京：中华工商联合出版社，2014.2

ISBN 978-7-80249-900-3

Ⅰ.①零…　Ⅱ.①丁…　Ⅲ.①零售业－研究　Ⅳ.①F713.32

中国版本图书馆 CIP 数据核字（2013）第 319491 号

零售：把客流变成购买力

作　　者： 丁　昀
责任编辑： 于建廷　臧赞杰
责任审读： 郭敬梅
封面设计： 久品轩设计
责任印制： 迈致红
出版发行： 中华工商联合出版社有限责任公司
印　　刷： 北京兰星球彩色印刷有限公司
版　　次： 2014 年 2 月第 1 版
印　　次： 2017 年 12 月第 3 次印刷
开　　本： 700×1000 毫米　1/16
字　　数： 220 千字
印　　张： 15.5
书　　号： ISBN 978-7-80249-900-3
定　　价： 46.00 元

服务热线： 010－58301130
团购热线： 010－58302813
地址邮编： 北京市西城区西环广场 A 座 19－20 层，100044
http：//www.chgslcbs.cn
E-mail：cicap1202@sina.com（营销中心）
E-mail：gslzbs@sina.com（总编室）

博瑞森图书：企业视角　本土实践

亲爱的读者朋友：

也许您是博瑞森图书的老读者，也许是新朋友，欢迎您阅读博瑞森图书！

当今中国，各行各业都存在着转型升级的压力与机遇。博瑞森图书与您一同应对转型挑战并发现其带来的机遇。

我们一直在问：什么样的书能为您解决管理难题并带来启发？

我们一直在找：哪些作品最能帮助企业从跟随到领先？

我们一直在做：把最好的作品以最便捷的方式呈现给您，纸质版、电子版、听读版、书摘邮件、微信……

我们策划图书的原则是：

- 企业视角——与您一样，做水中的游泳者，而非岸上的观众或教练，企业的困惑就是我们的任务；
- 本土实践——与您一样，立足本土环境，追求卓越实践，传播最适合当下中国企业的管理之道。

我们希望您：把阅读各类经营管理类图书时的遗憾或收获，告诉我们（13611149991），我们将认真聆听。

如果有一天，您把博瑞森图书视为您优秀的事业伙伴、管理助手，我们也就实现了自己的梦想。

博瑞森图书
010－51900529
bookgood@126. com

推荐序 1

这是一本非常实战的书

和君咨询集团副总裁　蔡萌

我的同事丁昀的新书《零售：把客流变成购买力》就要出版了，邀请我来作序。我虽然在管理咨询行业已经浸染多年，但在零售业还是一个十足的外行，心情很忐忑，但盛情难却，只能勉为其难了。

伴随我国经济的快速增长，零售业这一古老而传统的行业在我国也经历了突飞猛进式的发展。在短短二十几年的时间，走过了西方零售企业近百年的发展道路。在这一过程中，西方零售业管理技术、管理经验大量引入，为中国本土零售业的发展提供了很大的推动力。然而，随着零售业竞争日趋加剧，“跑马圈地”的时代已经宣告结束，简单复制的发展方式已经很难支撑企业进一步的发展。时代要求零售业的从业者站在全新的视角，深入探究商业企业的核心价值，反思零售的本质所在。

这本书从营销的角度出发，从消费者的视角，试图告诉我们的商业零售企业该如何通过体验营销来实现将客流、人流变成真正有商业价值和实际购买意愿及消费能力的消费者流。它从商业零售的百货、超市、便利店、购物中心、区域零售企业等各种业态，去研究它们的现状及各自面临的问题和挑战，又从商业零售各细分行业的角度去研究和把握其业态演变趋势，发现未来发展机会，通过最佳实践的分析研究来引导商业企业的转型与升级。

这是一本非常实战的书，许多经验与实践非常实用，是商业零售企业中高层，特别是高层管理者的操作手册和行动指南，不仅仅有利于帮助企业领导者把握趋势与机会，完成对商业企业未来发展的系统思考和顶层设计，还可以作为商业零售企业家在现实经营中遇到问题需要解决时的参考书。

本书作者丁昀，是和君商学院第一届优秀学子，毕业后一直在和君咨询从事管理咨询与投资银行业务，是一个有底蕴、有梦想、有担当、愿坚持的年轻人。他带领着一个专注于商业零售行业咨询服务的专业化团队，给国内最有影响力和代表性的商业零售企业提供过战略、组织、人力资源及企业文化等各方面的管理咨询、投资银行和商学培训等综合服务，客户满意度极高，且均有连续的续单，成为真正意义上的战略合作伙伴。

他和他的团队在给商业零售企业提供服务的同时有着全球视野，能够结合宏观大势并具有产业高度。他对商业零售行业有非常深刻的认识与了解，有系统的研究与思考，有着非常独特的见地，对国内外商业零售标杆企业也有很深入的调查和研究。他的这本书同他做的咨询项目一样：从行业中来，到行业中去；从实践中来，到实践中去；从客户中来，到企业中去，非常真实、务实，贴近市场和消费者，实战性强，可操作性强。

这本书中也一定有着一些不成熟的观点或这样那样的不到位，甚至是错误的地方，但我相信读者们一定会以非常宽容的态度，给他们指正和批评，目的是完善和帮助他们成长。

我相信，在中国梦逐渐实现的伟大进程中，在广大人民群众不断增长和升级的消费服务需求中，丁昀和他的团队一定有着更加广阔的空间施展才华，他们年轻的团队潜力无限，创新空间无限，前景无限。

最后，祝福中国，祝福中国的商业企业，祝福零售企业家们，也祝福推动零售行业发展、为企业和企业家服务的机构和咨询师们！

2013 年 9 月 1 日于北京

推荐序 2

体验是一种思考方式

《销售与市场》杂志主编　梁弘

当网络势不可挡地颠覆着人们生活方式的同时，也正影响改变着各个商业业态的走向：传统百货业正在沦陷中艰难转型，购物中心休闲业态比例持续加大，便利店的增值业务与黏客服务层出不穷，高端精品超市主题活动推陈出新。消费者不再被想当然地看作是理性决策者，传统的打折、促销手段似乎正在失去魔力，电商不断蚕食传统零售业份额……

企业发展创新的轨迹也被改写。

体验营销以其直击消费内心的独特魅力，使其在当前大环境的改变中理所当然地成了各业态首选的生存或者自救的法宝。其实，体验营销在欧美国家早已发展得相当成熟，关爱与体验业甚至是作为美国的第四产业而独立存在的。管理大师彼得·德鲁克曾经说过："商业行为唯一有效的目标就是创造顾客。"如今，如何在特定的区域清晰地定位出最强劲的消费人群，并能洞察消费者内心真实的需求，进而不断满足客户的需求，给予超过其预期的产品和服务，是每个企业能否升级的关键。

翻阅丁先生的书稿，在很多章节中可以看见他曾经在《销售与市场》杂志中阐述过的关于商业业态的观点和思考。也许正是这些与杂志社千丝万缕的渊源，他特意找我写序，好像这才算是一种了却与圆满。丁先生是杂志社的新锐作者，他常年扎根于商业各个业态之中，丰富的实战经验自不必多说，而对零售业态始终如一的专注与执着足以让人敬佩。

体验营销不是企业权宜之计的战术，不是华丽的挡箭牌，更不是博取眼球的噱头，它是融入企业各个环节的持续做事的方式，使企业的价值和使命真正通过产品或者服务传达给消费者。之前，企业做事的方式多是围绕“事”来配置资源，进而推销给人；而体验营销更多的是考虑如何围绕“人”来配置资源，把事情做好。而如何把“人”聚起来，使商业业态在转型中更好地发展呢？期盼读者能在丁先生的书中得到更多的启发！

自　序

冬天过去了是春天

在严冬里，最不应该失去的是活下去的信心和对春天的渴望。

从2012年开始，越来越多的零售企业感受到了刺骨的寒冷，几乎就在忽然之间，零售业的外部环境就从夏天到了冬天，所有传统零售企业都还没来得及穿上御寒衣，寒冷就已经不期而至。

这股寒流有多重因素：大部分零售企业对未来高增长预期下缺乏风险意识的快速扩张；零售新模式的刺激；零售行业的结构升级和调整等。

整个零售行业销售规模增速从以往每年将近20%一下子跌到了个位数字，让一直习惯于在发展中解决问题、用增量来盘活存量的零售企业家们不知所措。特别是在当前大环境下盈利乏力，导致资金无法有效支持整个企业惯性的扩张，逐渐暴露出了很多之前因为发展而掩盖住的问题。

与此同时，眼睛一直向外的企业家们也越来越意识到，自己的大本营正日益面临竞争对手的激烈争夺，一直扩张的零售企业家们慢慢地将注意力放在固守本源上，因为只有固守住本源才能不断孕育出零售行业升级的核心竞争力。

当问题逐渐聚焦在如何开发存量时，就必须回归到零售行业的本质——经营客流。

面对零售行业增速的明显下降，经过细致的分析，我们坚定地认为：**这不是行业增速减缓，而是前十年快速发展后全行业整体结构升级导致的结构性减速。触动结构升级的关键因素就是消费者的升级。**包括：消费者消费观念不断升级；消费倾向日趋多元化，消费行为不可控；消费能力随收入差异加大；不同地域的消费习惯千差万别，等等。

这些变化导致“聚焦人群”变得更为紧迫——因为只有聚焦才能更好地经营好客流，才能更好地深度研究消费者，洞察其内心真实需要的产品和服务。

顾客与企业的紧密关系就是抵抗寒流的最佳防寒服，而真正未来能够护航零售企业基业长青的也是顾客。

智慧来自民间。我从事零售行业管理咨询工作多年，行走在世界各地，看到不少零售企业在经营客流、实体体验方面值得借鉴的做法。希望通过本书把我这些年对零售企业的所思所想和大家分享。

前　言

零售业的转型升级之路

零售行业是与人打交道的行业，这和其经营本质有关：零售行业的经营本质是在有限的区域内，最大限度地通过产品和服务的提供，满足特定人群的消费需求。简而概之，就是“经营客流”。而零售行业升级之道就是通过不断聚焦消费人群的需求来锻造自己提供产品和服务的能力。

可以不夸张地说，作为零售企业，一切的产品服务要以企业所定位的客户真实需求为出发点。用专业的话来说就是：在商业模式设计上要时刻以客户价值最大化为前提。

那么，我们的实体零售企业如何开发客户的需求?

首先，不断围绕客户需求增加新的产品。这应该是所有零售企业能考虑到的最直接提高企业核心竞争力的方式。但要特别注意，产品的提供应该以客户需求为导向，而不是简单地以产品为导向。只有深度挖掘消费者的需求，急人之所急地提供迎合人心的产品，才能获得客户的信赖，进而不断增加客户黏性和销售额。

其次，从单纯的“丰富产品”阶段转向“产品+售后服务升级”阶段，其重点是从只关注硬实力的塑造转向重视企业软实力的建设。这一转变背后的逻辑是：深度研究客户内心真正的困惑和问题，通过超出客户购买产品的预期为其提供完美的产品和售后服务体验，增强客户的黏性。

最后，围绕客户消费过程中的每一个环节，创造性地打造消费便利度高的系统解决方案。为了实现客户价值最大化，将企业运行的内外各要素整合起来，形成一个完整的、高效的、具有独特软实力的运行系统，并通过提供产品和服务，使系统持续达成赢利目标而形成一个整体解决方案。如果说前一阶段是围绕着顾客进行的，那么新阶段的系统解决方案就是围绕着客户的深度开发进行的，是真正的与消费者一路相伴同行。

零售行业的升级之路就是：卖产品（产品为导向）——卖产品+围绕产品的服务（消费者为导向）——卖系统解决方案（协助消费者解决问题）。前两者是企业内部自己提供，最后的系统解决方案靠的是以需求为导向，整合行业资源。

软实力与消费者感受相关，是企业长期坚持执行高标准服务后的隐形竞争力。**存量竞争的关键就是软实力**。一旦企业具备软实力，竞争对手在短时间内很难超越。这是一场心与心之间的较量，而顾客满意度是企业在运营层面成功需遵循的唯一法则。

如何经营客流，如何把客流变成购买力？

在整个零售行业的各业态面临着升级与转型的紧迫之际，我主要结合零售行业的主要核心业态，即百货、超市、便利店及购物中心进行深度分析，同时借鉴国内外的成功经验和做法，对中国零售业态的升级转型之路提出了自己的思考。

目录 contents

第1章　百货店：专注体验，提升服务

第2章　超市：服务社区，走向高端

第3章　便利店：摆脱“类便利”，“内资”待增强

第4章　购物中心：升级模式，华丽转身

【第1章】

百货店：专注体验，提升服务

【观点摘要】

作为零售行业历史最为悠久的百货业态，百货企业近几年发展面临着多重危机，具体包括：

第一，千店一面，品牌同质化程度较高、商品无特色；

第二，连锁百货企业集中度低，服务千差万别；

第三，电子商务的崛起吸引了部分实体百货人群；

第四，购物中心的兴起使得传统百货行业客户再度分流；

第五，上游制造商自建终端，致使终端格局受到威胁。

未来，传统百货重在营造舒适的购物环境，让消费者享受实地购物、淘洗试穿的过程，通过深度满足人们“爱玩、爱逛”的天性来创造购买行为，深度研究不同区域和层级的消费需求，做到“以客户需求为中心”的产品和服务动态升级，**充分发挥实体店体验、购物咨询和仓储配送功能。**

第一节　百货店面临的问题与发展趋势

一、问题与挑战

随着消费品内需市场的持续发展，传统国有百货企业大多完成了国有企业改革进程，摆脱了原有沉重的员工负担，强化了经营管理和卖场绩效管理；与此同时，民营股份制百货企业近几年纷纷崛起，以更加活跃的姿态开始连锁百货的扩张；外资百货企业则带来相对高端的品牌定位和服务。这几股力量为百货业带来了长达 10 年的持续繁荣。

但这种繁荣现象的背后也隐藏着深刻的危机。

同质化程度高：品牌同质化程度越来越高，导致零售企业无特色、千店一面的现象愈发严重。除了品牌档次的高低之外，主流百货商场缺乏经营特色，导致市场上价格战愈演愈烈。

品牌集中度低：中国百货行业品牌集中程度低，缺少老佛爷、乐天这样知名的百货业品牌。全国百货业前 5 强占整个百货业的销售比例只有 6%，而这一比例在日本是 41%，美国是 48%，中国香港、新加坡达到了 64%。品牌整体集中度低，就无法形成协同效应和品牌自营模式升级。

网购分流：电子商务的兴起使得传统百货行业客户分流。据统计，2011 年我国网购市场规模高达 8000～9000 亿元，同比增长 75% 以上，占国内社会消费品零售总额的 3%～4%。据尼尔森发布的中国消费者信心指数显示，3/4 的一线城市消费者表示将更多地选择网购。面对网购对传统百货的冲击预期将继续扩大的形势，很多百货业者并没有做出适应形势的改变。

购物中心冲击：购物中心动辄超过 20 万平方米的规模优势是传统百货

无法比拟的。餐饮、娱乐、休闲等业态超过30%，有的甚至超过50%，丰富的业态满足了城市居民吃喝玩乐购一站式消费。据招商证券的数据显示，2003年至2009年，中国购物中心的销售获得了3倍的增长，其在社会消费品总额的占比由0.3%提升至1%，显示出勃勃的生机。传统商圈中百货一家独大的地位将逐步被多功能、多业态的购物中心所动摇。

缺乏个性化、体验式服务：当今的百货商场已不再仅仅是商品买卖的场所，而是经营消费者整个购买过程。然而中国百货业的服务存在随意性大，不细腻，缺乏体验式消费的问题。

二、发展趋势

随着市场竞争的加剧，百货店面临剧烈的业态分化、重新定位和经营方式创新的难关。

（一）“特色化、主题化、品牌化”是百货店竞争的显著特点

随着中国经济和城镇化的大发展，多种体量的MALL商业地产将成为中国城市化进程和新型商业业态的主要载体。传统大而全、小而全的综合百货店将越来越少，受其规模限制，百货店将不再经营包罗万象的百货商品，而是从少数大类商品中发掘更丰富的品种，走特色百货、主题百货和专业百货的道路。近几年在百货商场出现的品牌集合店就是这一趋势的重要标志。

（二）“连锁化、产业化、集约化”是百货店改造的主要内容

百货连锁经营的核心是生产要素的集约管理和标准化配置，主要包括：品牌商品资源的渠道管理、门店作业的标准化管理、选址定位标准以及结合本地条件的品牌化管理等。这有利于克服传统百货行业单店经营、孤军奋战、势单力薄的弊病，形成对品牌供应商的销售规模优势和目标客户认同能力，有利于优化供应商管理。有利于开发商业集团指定品牌的定

制商品，向上游采购的成本空间要利润，提升核心竞争能力。

连锁百货店必须重新构筑供货商、零售商协同型产销价值链体系。现代信息技术和物流条件的充分发展，使商业集团有能力为供应商提供库存管理和周转服务，极大降低了供应商商品分销的成本。一种必然的趋势是零售业传统的就近供货开始被全球货源通路所替代。

信息技术将带来供应链的极大变革，随着百货业连锁经营模式的导入，特别是消费者需求的多元化、个性化、高档化的趋势，百货零售商亟须建立自身的信息、补货、库存、资金分析系统，并与经销商（代理商）数据分析系统相衔接，构筑供货商、零售商协同型分销价值链体系。

（三）“品牌化、信用化、知识化”是百货店发展的主要内容

品牌管理不是“品牌输出”，而是一个企业核心竞争能力的建设过程。优秀的品牌是依靠长期积累、细节打造形成的。中国的百货零售业如何持续有效地实施现代企业制度、现代管理技术、现代市场营销手段、现代人力资源管理手段，提升综合素质，是企业面临的长期任务。

成功的品牌战略将使垄断品牌建立自己的商业信用和消费者信用，而高效的企业中央资金结算清算管理将成为百货企业的现金流处理中枢，在严格的银行授信下建立百货店的信用体系，才能成为供应商信任的品牌企业。

业态创新和经营方式创新是百货店永远的生命力。百货店正在越来越多地兼收并蓄各种业态的优点和长处，并加以创新应用，形成自己的经营特色和竞争优势。

传统百货店的体验营销升级，就是要暗合上述三种趋势，以所服务区域的消费者价值最大化为导向，综合出具有企业特色的商业模式。

第二节　百货业的体验营销之路

2011 年 10 月 25 日，已经进入北京市场 10 年的太平洋百货关掉了自己在北京的两家店——盈科店和五棵松店，其核心的原因是北京市场两店未来实现盈利预期较弱：其盈科店连续 5 年业绩下滑甚至亏损，五棵松店一直没有实现盈利扭转。纵观这几年百货行业，除了太平洋百货，其他百货品牌的日子也不好过。百盛在 2008 年就关门转让了其长沙芙蓉广场店，2012 年上海虹桥店、2013 年石家庄店也已停业。

租金上涨是百货店遭遇危机的原因之一。相比于百货店的黯淡，另一零售业态——购物中心却经营得风生水起，对百货店造成了极大的挑战。随着消费者需求的不断提高，一二线城市逐步会以体验式消费为主，因此购物中心的模式会逐渐占据主要市场份额，而三四线城市还是会以百货商场的形式为主。但随着一些新的商业项目建成，购物中心会逐步向三四线城市扩散。

面对如此趋势，很多百货业也开始识时务地进行调整，实施差异化经营，而提高百货购物体验无疑是其必然选择。

那么，百货店该如何升级购物体验呢？

一、传统百货业的体验营销现状

目前，中国百货业很难在全国范围做到真正的连锁经营：一方面掣肘于中国的品牌分销体系在省份间条块分割，对全国性品牌的跨省市渠道管理与品牌管理能力提出了高要求；另一方面，百货业内具备跨区域管理经验的高端人才极为稀缺，导致行业发展的人才瓶颈。

在这种现状下，百货企业深耕区域市场的能力成为经营的关键。这意味着，领先的百货企业，一方面需要不断提升多元业态开发模式，另一方面需要提升综合运营管理能力。对于前者这几年已经讨论得很多，这里我们重点分析如何实现后者的目标。

“区域为王”战略导向的百货公司，更需要着力提升内部综合运营管理能力来提升其盈利能力、获得更好的发展空间。而体验营销是最能体现其运营管理水平的重要表征。特别地，随着区域竞争的加剧，消费者对百货商店的选择更加注重个性化、多元化、细分化，从而带来对体验消费的新要求。

我们先来看看当前传统百货店的体验消费现状，如图1－1所示。

图1－1　传统百货店的体验消费现状

现状一：体验营销能力区域差异明显

百货业集中度低，各地区企业的综合管理能力有很大差异，体验营销水平参差不齐。中国百货店业的发展程度受制于人均GDP的发展水平，从东到西呈现递减趋势，百货店的体验营销水平也由东到西随之递减。消费者购物体验的需求和本地激烈的竞争程度直接倒逼东部沿海地区及各省一二线城市百货店业的体验消费能力升级。再加上西部地区一些大型品牌进驻少，充斥着大量缺乏品牌效应的中低端产品，这些产品的营销模式还停留在传统的推广式营销上，很难管理完整的体验消费流程并缺少核心能力。

现状二：体验消费的表现方式单一

传统百货公司在购物体验上一般采取三种方式：

一是通过培训各品牌导购员的综合服务能力，在购物的全流程带给消费者舒适、全面、满意的购物体验；

二是着力打造会员中心，通过长期举办各类会员促销活动来维护老客户的体验；

三是建构百货商场的综合消费体验，导入小型综合性服务场所互补业态，如游戏厅、餐饮街等，从而全面满足消费者购物、休闲、娱乐的多方需求。

这些举措在一定程度上起到满足消费者体验需求的作用，但随着百货店业外部环境变化引起人们消费观念的变化，人们对百货店的体验需求也将发生本质变化。

现状三：体验营销缺乏有效的部门协同配合

体验营销需要在百货公司各个部门的同力配合下才能打出漂亮的组合拳，如：策划部出具方案、营运部进行执行，宣传部进行宣传，采购部进行供应商协同。

但事实上，往往因为百货公司内部缺乏高效的协调组织机制，使得营销方案大都落成策划部、营运部等各司其职的碎片化工作，从而大大减弱了营销的有效性。缺乏统一联合作战的配合机制，已经成为百货公司提升体验营销能力的重要瓶颈。

二、业态竞争迫使传统百货店专注体验营销

（一）线下新业态的激烈竞争迫使百货店通过体验营销提升客户忠诚度

研究显示，传统百货业态随着人均GDP的变化不断分化，衍生出新的业态，成为传统业态的直接竞争对手，如图1－2所示。

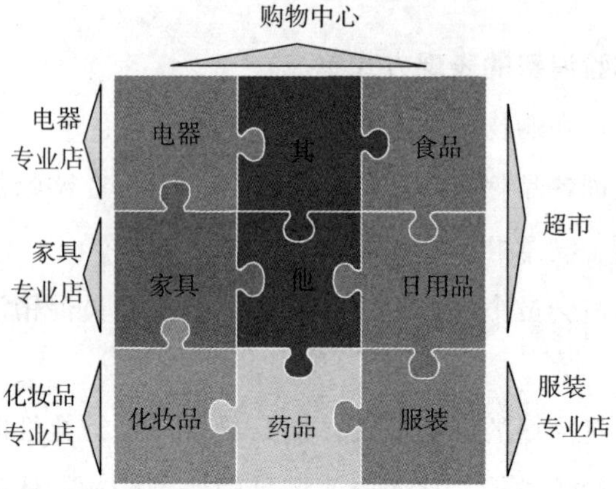

图 1－2　百货业态的分化

在百货商场顶层的电器类产品发展为苏宁、国美这样的电子专业卖场；传统服装零售商自建终端打造连锁专营店等。这些新业态通过打造细分领域的专业形象、优越环境、优质服务，不断蚕食传统百货业态的市场份额。

特别是近几年层出不穷的“体验馆”这一新业态，不断冲击着百货业的大本营。企业通过自建连锁体验馆来推广品牌形象，传播品牌文化，更重要的是，探索出了一条有效管控的体验营销模式，苹果销售专卖店就是典范之一。

苹果专卖店是一个融合了大简大美、创意梦想和自由体验的地方，整个苹果的销售卖场，坚决贯彻了消费者体验至上的服务原则：

第一，客户可随意试用苹果产品，无论是否购买；

第二，不设银台，客户可在任意拟购买商品前由工作人员指导消费；

第三，没有导购员、没有推销，只有随时为客户解决疑惑、提供个性化服务的苹果顾问和培训师……

正是苹果体验馆这一系列绝佳体验，使消费者感受到苹果时尚、创意、科技、自由的产品精髓，并打造了随时、随地、随意实现苹果梦想的绝佳体验。

面对挑战，传统百货企业必须不断提升体验营销的资源整合能力，多途径深度挖掘老客户购物体验，并匹配相应的忠诚度管理模式，指导店面调整，实现新老客户重复购买的目的。

（二）线上跨越式发展迫使传统百货通过体验营销牢守领地

近几年网络零售呈现井喷式增长趋势，增长速度连续多年超过50%，以其便捷、性价比高、选择品种范围广等诸多优势，加剧了传统百货业的分化速度。如何打破传统百货困局？**最有效的方式就是：以线下购物的体验营销留住消费者。**

消费者喜欢简便迅捷的生活、喜欢网络购物的低价快捷体验，但也需要乐此不疲的“逛街”之趣。**正是这一个“逛”字，凸显了百货公司与网络零售公司最本质的业态区别。**

传统百货重在营造舒适的购物环境，让消费者享受实地购物、淘洗试穿的过程；网络零售则重在架构简单交易平台，让消费者更便捷地进行交易。两者的本质区别：前者通过深度满足人们爱玩、爱逛的天性来创造购买行为，是**以“人”为中心**。后者是在谨慎理性原则指导下，以最高的效率实现购买目标，是**以“事”为中心**。

所以，百货业要想长足发展，就要不断提升对消费者的理解能力，以此指导品牌管理，并努力提升内部管理水平，从而以系统的体验营销方式充分满足消费者购物过程的天性需求，最终奠定与网络购物相区别的核心优势。如图1－3所示。

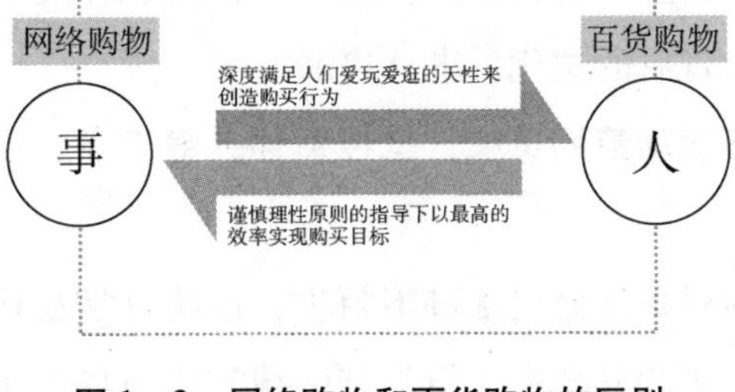

图1－3　网络购物和百货购物的区别

零售：
把客流变成购买力

电子商务“鼠标+水泥”的商业模式演进，也表明了其对线下购物体验的重视程度。这意味着，只要传统百货不断提升体验营销能力，就能够在同电子商务的激烈竞争中立于不败之地。

三、从“传统”到“现代”：百货业体验营销升级之道

现代百货业需要以体验营销为载体增强商品内涵附加值。

“购物的本身远远不只是购物”用这句话形容现代百货业再合适不过。现代消费不同于传统消费，而是架构在特定的文化空间之内形成的、由消费理念向消费行为转化的过程。

百货公司恰恰表征了鲜明的文化符号，创造了满足消费者特定需求的文化语境，从而给商品注入新的内涵，使其原有使用价值弱化，并成为带有特殊意义和自我满足指代的消费文化符号。

因此，现代购物消费就决不能仅仅理解为对商品的使用价值和功能用途的消费和享用，而需要注入更多新的内涵，从而将商品和服务与人的体验、情感、人格、品位、社会地位及社会关系紧密联系在一起。

百货行业作为中国消费升级时代的重要消费通路，其从业者们从没有放弃与消费者心灵交融的努力，由此激活消费者购买的情感动机，从而树立差异化竞争优势。到目前，体验式消费开始成为整个现代零售行业的发展趋势，谁能读懂客户，掌握创造良好的消费者购物体验的营销策略，谁就能获得市场的未来。

我们探索的百货业体验营销升级之道，正是从深度开发消费者精神内涵、满足消费行为背后的文化诉求开启的。

模式一：赋予活动策划灵魂，掌控事件关键节点，让百货通过体验式营销融入生活

进行活动策划对百货公司来讲不陌生，传统百货公司的策划活动停留在重大节日和周年庆的概念中，但随着区域零售市场竞争不断加剧，各种各样的促销活动的频率周期从每年几次变成每月几次，因为简单的节日活

动策划已使消费者日趋麻木。

现代百货公司应通过纵深的消费者调研深刻理解消费者需求，进行会员管理和细分群体研究，以多频次、强针对、常新鲜的活动策划将消费者的细分偏好进行有效组合，充分利用百货商场前的空余广场和商场内部的中庭搭建个性化的活动场所，组织各对应楼层配合策划活动完成全方位的互动体验营销。

该种体验消费的成功关键在于是否能挖掘到细分客户的内心真实需求，并以点带面地实现消费者情感元素渗透，同时利用互动流程实现循环刺激购买，最终达到消费者重复购买的目的。

这些体验营销一般可分为：

消费群主题类

比如，区域内三口小家庭较多，适宜组织亲子类的购物节。

苏州某个购物中心就通过几大活动的组织和卖场的综合体验营销安排，获得了一次成功的消费群主题体验消费，活动持续2周，通过百货公司各楼层组合营销取得了不俗的业绩。

百货公司分别组织奶粉厂家在百货中心门口进行育儿咨询互动交流会及问卷调查送进口原装奶粉的活动，增强了活动的科普性与公益性，同时也帮助企业进行新品推广和问卷调查活动；

百货中心广场举办“宝宝快爬”比赛活动，活跃了整个商场周围的气氛；

各楼层丰富真切的活动，使整个体验营销活动的影响力和穿透力贯穿全商场：B1婴儿超市，儿童商品每日精选低折销售；超市服务台旁进行“可爱宝宝”照片比赛活动展示；1F举办宝宝最爱的手偶剧场“三只小猪”及“狮子拔牙”活动；2F－4F进行“做个漂亮爸爸 & 妈妈”服装特卖活动；5F进行家庭儿童精选折扣自选卖场特卖活动。

同时每个周末还通过促销车进行宝宝类产品礼包热卖，使得整个策划活动高潮迭起……

活动期间，每层都配有舒缓的童歌及民谣播放，卖场还不时地走过卡通人物大型玩偶与消费者家庭进行互动。

所有活动细节的考虑都会大大提高整个策划活动的美誉度。

主题事件类

借助2012年轰动一时的“李娜夺冠”事件，北京某大型购物中心就抓住了广大群众对该事件的关注热度，以此为切入点进行了一场体育类产品全方位、多组合的体验营销。不仅把李娜请到现场和消费者进行网球互动，还打造了消费者与李娜沟通的立体式媒介，并配合了各楼层的精选主题促销，如运动类香水特卖、运动休闲鞋服主题活动等。

事件类体验营销强调及时性和挖掘性，需要策划人员充分结合百货公司现状，全面延展相关领域，进行消费体验的系统探索。

模式二：强化VIP会员综合体验营销管理

几乎每个百货公司都有自己的VIP卡，但有多少公司能够清晰定义到底哪些客户才是企业真正的VIP呢？能被称为VIP的客户群，是需要每个百货企业清晰定位的。

按照“二八”法则，企业真正的VIP会员不会超过20%。对于这20%，不同企业的VIP客户群会呈现出不同的年龄、职业、特长、爱好、品位、价值观与梦想的组合，从而将百货企业品牌勾勒成一个栩栩如生的鲜活的角色形象。

如何能够通过组合体验营销管理来为这20%创造他们独享的购物空间、争取到更多的VIP客户，是每个百货公司需要认真考虑的问题。

企业需要不断强化自身品牌形象，在目标群体中赢得更多消费者，也需要通过差异化的购物体验，维护VIP客户的忠诚。例如，VIP会员闭店购物等方式不失为一种有效手段。

百货公司可根据营造氛围的浓烈程度，分为开放式会员日和闭店式会员日：其中，开放式会员日活动就是照常营业，会员享有特殊折扣；而闭店式会员日活动则是设置购物的门槛，为公司重点维护的高端客户提供独享的购物环境礼遇。

常州某百货大楼在2010年11月进行了特殊的闭店VIP购物活动。商场门口铺上了可以和电影节盛典媲美的红地毯，大家手握邀请卡，在专业迎宾员的引导下逐步踏入为VIP精心打造的购物空间：百货公司推行高倍积分活动，同时几乎每层都有惊喜特卖品牌参与，优质导购员是平时的2倍；为消费者开设具有茶水、点心和水果的休息厅；在不同的楼层设置钢琴、小提琴的演奏，以及街舞、调酒、瑜伽等表演活动。这都为这场会员活动增添了活力氛围和优越的品质感。

细致安排的活动，使得整个卖场热情高涨，以最少的客户流量达到了历史最好的销售业绩水平。

通过闭店VIP销售，达到了与客户进行“一次美妙的心灵碰撞之旅”的目的。通过营造购物氛围，高端客户在享有专属礼遇的同时获得了精神上真正的满足感。这种闭店营销方式传递了VIP服务的精神，也提升了百货店内部综合管理的水平，从而增强了自身的核心竞争力。

需要说明的是，这种方式特别适用于三四线城市、拥有核心地段但却无法拓展营业面积的传统百货企业，使得它们从激烈的周边同业竞争中脱颖而从，创立新的品牌形象。

模式三：挖掘同质业态差异化特色，提升消费体验综合服务水平

差异化经营是企业面对同质化激烈竞争的必然战略选择，百货行业时至今日，竞争日趋白热化，差异化经营成为突破战略困局的关键，也直接关系到消费者的购物体验热度。

在打造差异化竞争能力的时候，我们首先要考虑企业所定位的差异化消费者群体是否真正清晰地区分目标客户，以及该部分客户的有效购买能力是否足以支持企业店面经营。

零售：
把客流变成购买力

根据以往观察，我们建议，不要采用性别等笼统指标为标准来进行百货品牌的差异化定位。因为，这种笼统的差异化实际上没有实现任何差异化：没有任何女性会因为这是一家仅为女性提供服务的百货店而钟情于此。这种品牌差异化的迷失反而模糊了企业品牌个性及其 VIP 客户群，也便无法撑起经营体量的正常运转。

我们建议至少可通过以下两种模式来提升百货公司体验营销的差异化优势。

其一，特色百货需要注意招商品牌的区域独特性，至少要有 30% 以上的区域独享特色品牌（同一个零售商圈，百货店拥有独占品牌达到 30%），同时各个楼层配合特有品牌进行动线调整；

其二，可定位为品类的差异化优势渠道，将百货公司打造为某一领域的冠军形象。比如莱市口百货公司的黄金品类、中友百货的化妆品品类等。这类企业在消费者心中已经牢牢形成冠军定位，成功抢夺了消费者在该品类的第一心智资源，在需要采购这类产品时，便会不自觉地在第一时间做出选择。

此外，一些能够快速调整产品种类、丰富产品选择的“快品牌”逐渐成为百货公司吸引客流的法宝。随着现代生活节奏的加快，我们越来越需要能够迅速捕捉消费者需求变化、快速提供特色产品的品牌，如 ZARA、H&M 等国际快时尚品牌。百货公司可在每年动线调整的过程中逐渐引入这些更新周期短、产品线丰富、特色鲜明的品牌，以此丰富消费者购物的新鲜体验。

模式四：拓展零售领域，升级为商业地产运营商，打造购物中心大消费体验

体验消费的终极目标是在有限的空间内尽可能多地给消费者带来全新的购物感受，满足丰富的消费群体需求。这需要传统百货公司提升空间运营能力，从传统百货零售向大零售——商业综合体运营方向不断努力，实现从满足消费者一站式购物到满足一站式生活体验的转型，打造满足个人所需要的购物、餐饮、娱乐、休闲、交友、学习、健康、养心、酒店等多元需求的综合体验场所。商业地产运营商需要具备这种前瞻意识并尝试打造其运营能力。

未来的零售趋势是：零售企业逐步拥有自有物业，且将这些自有物业打造为城市综合体。从经营管理和运营人才储备来看，零售企业转型为综合商业地产运营商，要比住宅型房地产企业转型为综合商业地产运营商容易得多，但前者可能欠缺资金能力，但这对拥有区域内规模的百货企业而言不算难事。

笔者曾经的一位客户，是某四线城市的最大零售企业，占有当地零售市场 40% 的市场份额，早在 2009 年底就顺利开业了一个 20 多万平方米的 Shopping Mall，销售收入以 30% 的速度逐年递增，并已经开始着手进行更多城市周边的县级城市综合体的开发。

这种类型的城市综合体运营商需要注意人才贮备风险。企业必须有一支综合素质优秀的品牌招商队伍，他们可以细致地捕捉到不同区域消费者的真实需求，并根据营业场所的规划限制，组合出合理的动线品牌布局。这支队伍在前期需要进行大量的品牌布局与调整工作，一个 20 万平方米的 Shopping Mall，从建立品牌布局到初步实现品牌动线合理调整，往往需要超过 2 年的时间。

可以预见，随着国内消费者需求的不断升级，未来 20 ~ 30 年内，以百货为代表的零售业会以超过 GDP 增速 2 倍以上的增幅呈现高增长态势。作为承载百姓品质生活梦想的实现平台，百货企业应时刻以提升自身综合体验营销能力为己任，用心挖掘消费者需求、细致入微地提供品质服务，并以丰富的营销组合策略满足消费者的物质需求与情感诉求，从而不断锻炼企业综合管理实力，自如应对未来业态升级所带来的严峻挑战，在激烈的同业竞争中获得源源不断的发展动力！

第三节 “艺术+百货”：杭州银泰百货体验营销的新尝试

近日，杭州银泰百货城西店正式开始试营业，不少去“打前站”的客人们发现，这家百货店有些与众不同。花艺动物、3D油画、儿童乐园、游戏体验馆，甚至连洗手间都有儿童专用的迷你马桶，引得不少客人合影留念。据统计，试营业当日，该百货店就迎来了20万的客流量。可见，杭州银泰百货通过新颖的艺术形式，吸引到了不少的消费者。

而目前越来越多的百货将艺术和商业结合起来，为消费者营造更具体验式的购物环境。

一、艺术与百货店的结合

在4米高的绿植墙前，逗一下蝴蝶；久违的稻草上加上5只小香猪，来一个合影；惊叹青花瓷的独有釉面，加以评头论足；抑或驻足在由牛仔布包裹的甲壳虫前，看下“行为艺术”……

银泰百货城西店给人的感觉不是一个百货店，倒像是一个展览馆。据悉，银泰百货城西店在一楼电梯口给顾客准备了一份“艺术导购手册”，跟着它，便可以享受漆画、油画、经典摄影作品等，以及绿熊、梦游等诸多艺术雕塑。

“商场与艺术的结合是目前的流行趋势，目的在于吸引人气，给顾客别样的体验。”一位业内人士指出。

而在杭州的其他商场也都有类似的艺术氛围。小猪农场、绿植大黄鸭、大师岩画，甚至是数米高的变形金刚，杭州顾客在百货店里看到的新奇玩意儿越来越多。因此很多人都不免发出了疑问：把科技馆、博物馆里的东西搬到百货店，真不知道是来体验玩耍，还是购物血拼了？

商场通过各类艺术形式与展品，吸引到了不少消费者，也让商场的客流量突破新高。

二、互动体验区，未来最受欢迎的业态

除了各类憨态可掬以及大师范儿的艺术陈列，银泰百货城西店里还出现了越来越多的互动体验区，不少品牌也在扩大面积，升级成可以让更多客人停留下的新型店铺。

在银泰百货城西店，不少互动体验店铺的开张让客人们感受到不同于一般店铺的新鲜感。一家名叫外星人的数码产品体验馆，是专门为游戏爱好者开放的，里面除了售卖“只有游戏玩家能懂”的6000元/个的鼠标，还为更多客人提供大屏幕极品飞车等游戏的免费试玩。除此之外，方回春堂首家商场汉方养生馆也已开出，可以给注重保养的客人休憩调理；铺满海洋球的儿童益智乐园则提供给孩子们玩耍。

相关商场业内人士分析道：“互动体验区一定是未来百货店最受欢迎的业态，它可以打破传统店铺商品陈列的模式，特别适用在运动品牌、通讯品牌等种类上，有趣的互动体验会吸引更多客流，良好的体验感受则会带动销售的提升。”

三、与日俱增的百货+艺术模式，是噱头还是内涵

越来越多的百货店都在打破传统，转向艺术零售、精致生活，各类稀奇古怪的装饰和店铺，甚至是主题促销活动，都在重新刺激着买家们的兴奋点。然而有人担心，艺术零售很可能只聚人气，不聚买气，怎么把握艺术与零售之间的距离，成了对商家们的最大考验。

为了平衡彼此，不少百货店都选择在特别活动中加入艺术元素，杭州

就有百货店花了20多万元，把“艺术品”从广东搬到了杭州展出两三个月，也有百货店如K11选择在商场里常年轮流种植茼蒿菜、奶油生菜，把它称为一道特有的风景。

2013年7月22日至9月22日，天津大悦城推出了麦兜首次内地展——“麦兜的百变梦想”。摩登时代香港主题区、麦兜百变职业人偶群、春田花花幼稚园等原景都一一震撼亮相。而此次麦兜主题展的最大亮点是35款真人大小的全新麦兜人偶第一次集体亮相内地。

而北京朝阳大悦城在2012年圣诞就举办了“几米异想之旅”圣诞主题景观展览。朝阳大悦城还举行过“80后穿越展”、“恐龙展”、“星空展”、“哆啦A梦诞生前100年特展”等深具文化内涵的活动，而以上每场活动的举办，都是朝阳大悦城针对核心顾客品位的一次次心灵对话。相对于传统商业单一的折扣促销，朝阳大悦城与顾客的互动更加多元丰富和独具魅力，可谓“心有灵犀一点通”。

而北京的三里屯太古里（原三里屯 village）跟艺术紧密结合的案例就数不胜数了。为了打造最潮流、最吸引年轻消费者的商圈，三里屯太古里从来不缺乏艺术的光临。正是富有浓郁艺术气息的特点，才吸引了众多时尚消费者在此驻足停留、消费娱乐。

“更贴近生活的艺术，才能让我们的生活有了玩味精致的可能，这可以借鉴到百货店，艺术品可以和百货店一起成为顾客精致生活的一部分。”城西银泰百货的相关负责人说。据悉，在此次艺术生活展中展示的艺术品，大多出自一些青年艺术家之手，如果有客人喜欢，也可以用不太昂贵的价格带走。

无论是艺术元素也好，互动体验区也罢，它们都是体验营销的一种手段。如何真正利用体验，抓住消费者，才是未来百货及其他零售业态所要深思的问题。

第四节　诺德斯特龙：美国百货业的服务标杆

提到美国的百货业，不得不提的一家企业就是诺德斯特龙（Nordstrom）。

诺德斯特龙创立于1901年。它的第一家店铺位于美国西雅图，当时的店名叫华林·诺德斯特龙鞋店，以创始人卡尔·华林和约翰·诺德斯特龙的名字命名，营业面积只有20平方英尺，以销售鞋子为主要业务，并为顾客提供修鞋服务。

1930年8月，华林·诺德斯特龙鞋店正式更名为诺德斯特龙鞋店。

1963年，诺德斯特龙购买了西雅图的贝斯特服装店，就此开始经营女士服装、饰品。这一举措使诺德斯特龙从原本经营单一品类（鞋）的专业店零售商转变为多品类经营的零售商，并由此开始了向品类更丰富、更宽泛的百货商店转型。1966年诺德斯特龙开始经营男装和童装，商品品类大大丰富。

1971年诺德斯特龙正式挂牌上市，到1973年其销售额超过1亿美元，成为美国西海岸最大的服装专业店，同年将公司正式更名为诺德斯特龙股份有限公司。

诺德斯特龙最先崛起于太平洋西北岸，席卷整个加州最繁华的地区，目前正在朝美国东海岸进军。

一、将服务发挥到淋漓尽致

诺德斯特龙自创建开始，就确定了靠服务取胜而不是靠削价竞争的策略。诺德斯特龙的定价虽然比其他公司不差上下，但它不靠价格竞争，也不降价求售。诺德斯特龙深信顾客会借有形的东西来评判无形的东西，因此非常注重店内的气氛，有许多店面的大厅都安排穿正式礼服的钢琴演奏家，演奏典雅的背景音乐。正是通过细致入微的各项服务，诺德斯特龙才取得了顾客的充分信赖。

（一）退货服务

对顾客的退货要求，诺德斯特龙公司的政策是二话不说退货。只要顾客提出退货要求，就准予全额退钱或换货。其他商店也会这样说，但只有诺德斯特龙真正做到了。该公司有位兼职员工在网球俱乐部听到一位妇女抱怨两年前购买的一件毛衣，这位兼职店员走过去打断她的话，并坚决请她到店里退货，即使这位妇女已把毛衣送给一位朋友。

（二）顾客资料

在诺德斯特龙公司，每位店员都有一本个人笔记本，里面记着有关一再光顾的顾客的各种资料：姓名，地址，衣服尺寸，型号，颜色偏好，甚至还记得顾客及其家人的生日。有了这种资料之后，每当有了某位顾客喜欢的商品时，店员都会打电话通知；或在生日来临时，建议他选购什么礼物。在顾客来店里购买时，例如买一件衣服，店员也可以参照这本笔记本，建议他到其他部门购买什么尺寸、颜色及什么形式的配件。完成这笔生意后几天，店员又会拿出这本笔记本，给顾客一封感谢函，同时查看当初承诺的每一件事是否都做到了。这种服务水准使其他百货公司只能吃到诺德斯特龙丢下的骨头。该店最忠心的顾客甚至称自己是“诺家帮”。

诺德斯特龙的成功并没有独特的诀窍，正如一位分析家所指出的：“诺德斯特龙的服务与衣服的质量并非是独家的绝活。但似乎只有这家公司能在这方面发挥得淋漓尽致。”

二、优质服务背后的管理与企业文化

诺德斯特龙公司能够向顾客提供完美无缺的服务的原因在于高层领导的重视。同时，诺德斯特龙重视员工，坚持以服务顾客为核心的企业文化。他们所塑造的企业文化和组织，使得提供优异的服务就像呼吸那样自然。正是靠着良好的管理与优秀的企业文化，才成为美国百货业的标杆企业。

（一）重视一线员工

诺德斯特龙公司极为重视直接向顾客提供服务的一线店员。他们认为，店员是公司最重要的人，因为店员要直接向顾客提供服务。他们不用“店员”这个地位不高的称呼，而改用销售代表这种头衔。公司高层领导不愿接受新闻界的采访，因为新闻媒体不太重视公司的真正英雄。每一位高层主管，都要接受新兵训练——亲自到店内从事销售工作。

对第一线员工的重视还表现在诺德斯特龙公司的组织图上。它是倒立的金宇塔。最顶端是人数众多的顾客，然后是销售人员，再往下是采购和部门经理、商店经理、地区经理，最下层是高层主管——五人委员会。在诺德斯特龙公司，主管的工作职责是支援第一线的员工和排除工作障碍，而非发号施令和颐指气使。该公司采取高度分权的方式，第一线员工享有极大的职权。在绝大多数百货公司，采购员是沙皇，销售人员是农奴，在诺德斯特龙公司，销售人员对采购决定有极大的影响力，采购人员与部门主管要花一半时间在销售现场跟顾客沟通。

（二）实行铁腕政策

诺德斯特龙公司在管理上实行铁腕控制。员工由于知道顾客随时可以去找高层主管，高层主管也往往会针对有关服务的事采取激烈行动，他们会为了避免顾客找高层主管而想尽办法解决问题。只要有一位顾客对员工的服务态度有所抱怨，就可能使他的事业前程从此黯淡无光。几乎所有销售代表的工资都有一大半是奖金，这使得他们不得不竭力服务好顾客。公司大约25%的新进员工干不到一年就辞职，另有25%被开除。诺德斯特龙公司有一套明确的规范，禁忌包括嚼口香糖、偷窃、强迫顾客购买等。表现良好的员工都容光焕发、精神抖擞，待人友善，充满吸引力。

（三）坚持以服务顾客为核心的企业文化

诺德斯特龙公司有以服务顾客为核心的企业文化，他们坚持服务顾客的宗旨毫不妥协而且几十年始终如一。管理人员利用各种方式来执行这种价值观，例如维持充裕的库存，用戏剧性的方式奖励提供杰出服务的员工，以及惩罚未令顾客满意的员工。诺德斯特龙公司的每一件事，从它的组织结构、办事程序以至它的员工的薪金办法，都是在扩大与顾客最接近的一线员工的职权、责任与地位，并极力消除他们服务顾客的障碍。

服务顾客使诺德斯特龙公司获得了极大的竞争优势，因此许多公司纷纷模仿诺德斯特龙公司。曾经独霸加州零售业的梅西百货公司也决定全面"诺德斯特龙化"：提高店员工资中的奖金比例、增加库存、采取较放任的退货制度、宣扬顾客服务、并不惜重金从诺德斯特龙挖人，以便把讨好顾客的秘诀传授给员工。

诺德斯特龙公司提出的一句口号是："百货店唯一的差别在于对待顾客的方式。"对其他企业而言，只要你追求向顾客提供最佳服务的宗旨，并始终如一地坚持下去，成功并不遥远。

第五节　百货店业态行业概况

一、百货店业态简介

（一）百货店业态定义

美国的定义：根据美国政府《零售贸易普查》中的规定，百货店至少要有25个雇员，是提供包括服装和纺织品、家用纺织品和布类产品、家具和装饰品及器皿等商品的商店。

中国的定义：根据中国1998年颁布的《零售业态分类规范意见》，百货店是指经营包括服装、家电、日用品等众多种类商品的大型零售商店。它是在一个大建筑物内，根据不同商品部门设销售区，满足消费者对时尚商品多样化选择需求的零售业态。

（二）百货店业态分类

在我国，根据国家质量监督检验检疫总局、国家标准化管理委员会起草的《零售业态分类》，百货店可以分为以下三种：高档百货店、时尚百货店和大众百货店。它们的区别如表1-1所示。

表1-1　百货店的分类及特征

业态		选址	基本特点					
			商圈与目标消费者	规模	商品经营结构	商品售卖方式	服务功能	管理信息系统
百货店	高档百货店	市、区级商业中心、历史形成的商业集聚地	目标消费者以追求高档商品和品位的消费者为主	经营面积一般在 $6000m^2$ ~ $20000\ m^2$	高档百货商品	采取柜台销售和开架面售相结合方式	注重服务，设餐饮、娱乐等服务项目和设施	程度较高

续表

<table>
<tr><th colspan="2" rowspan="2">业态</th><th rowspan="2">选址</th><th colspan="6">基本特点</th></tr>
<tr><th>商圈与目标消费者</th><th>规模</th><th>商品经营结构</th><th>商品售卖方式</th><th>服务功能</th><th>管理信息系统</th></tr>
<tr><td rowspan="2">百货店</td><td>时尚百货店</td><td>同上</td><td>目标消费者以追求时尚商品和品位的流动消费者为主</td><td>同上</td><td>时尚百货商品</td><td>同上</td><td>同上</td><td>同上</td></tr>
<tr><td>大众百货店</td><td>同上</td><td>目标消费者以追求大众商品的消费者为主</td><td>同上</td><td>大众百货商品</td><td>同上</td><td>同上</td><td>同上</td></tr>
</table>

从更细分的角度，百货业态还可以细分为：精品百货、流行百货、折扣百货、品类百货、物流百货。如表1－2所示。

表1－2　百货业各细分业态目标客户群分析：

细分业态	目标客户群
精品百货	奢侈品消费需求
流行百货	时尚性消费需求
折扣百货	品质性消费需求
品类百货	功能性消费需求
物流百货	低价格消费需求

（三）百货店业态特征

根据我国原国内贸易局出台的《零售业态分类规范意见（试行）》，对百货商店的特点要求如下：

- 选址在城市繁华区、交通要道；
- 商店规模大，营业面积在5000平方米以上；
- 商品结构以经营男装、女装、儿童服装、服饰、衣料、家庭用品为主，种类齐全、少批量、高毛利；
- 商店设施豪华，店堂典雅、明快；

- 采取柜台销售与自选（开架）销售相结合方式；
- 采取定价销售，可以退货；
- 服务功能齐全。

详见表1－3，百货店业态特点：

表1－3　百货店业态特点

<table>
<tr><th colspan="2">要素</th><th>要　求</th></tr>
<tr><td colspan="2">商圈</td><td>城市核心商圈
交通便利
城市人口：40万以上</td></tr>
<tr><td rowspan="7">物业要求</td><td>建筑</td><td>楼高三层以上</td></tr>
<tr><td>面积</td><td>5000－20000m²，单层面积5000平方米左右；中庭面积（包含电梯井）至少500m²；单层店面积：15000m² 以上</td></tr>
<tr><td>层高</td><td>首层层高5m，二层以上层高4.5m；</td></tr>
<tr><td>柱距</td><td>8m×8m</td></tr>
<tr><td>配套设施</td><td>扶梯、货梯、中央空调、消防分区、卸货区；电梯要双向每层4部以上，最好有两部观光电梯。</td></tr>
<tr><td>楼板承重</td><td>450kg/m²</td></tr>
<tr><td>停车场</td><td>100个/10000m²</td></tr>
<tr><td colspan="2">合作方式</td><td>免租期1年左右租赁年限10—20年</td></tr>
</table>

二、百货店业态发展历程

（一）世界百货业发展史

18世纪中期，欧洲重商主义思想形成，尤以法国巴黎为代表。1852年，百货店之父阿里斯蒂德与合伙人在法国巴黎创立了“邦·马尔谢”商店，经营面积仅100平方米，成为百货业的起源。1852～1880年是全球百货业的创办期；自19世纪80年代起百货业开始快速发展，百货形态与经营因各国的经济文化不同而存在差异。

法国作为全球百货的起源地，在外观档次及艺术性方面位居世界之首。美国大都市中心百货在20世纪40年代快速发展，“二战”之后市民向郊区移动，大型城郊购物中心迅速崛起。日本由于面积小，以大都市（东京、大阪）核心商业中心大型百货的发展为主。

（二）中国百货业发展历史

国内现代零售业开始于20世纪90年代。从建国到1979年，在计划经济体制下，零售业态以中小型百货商店和杂货店为主，业态比较单一。从1980到1990年，经济逐步从计划经济向市场经济过渡，大型百货商店成为主要业态。1990年以后，综合超市、专业连锁店、购物中心等业态逐步涌现。短短的20年，走过了西方国家的百年之路。中国百货业大致经历了以下几个发展阶段：

表1－4　中国百货业发展历程

时　间	时　期	特　点
1949—1989	缓慢发展期	短缺环境，垄断政策，中心地段，不需要采取科学的营销手段。
1990—1995	快速发展期	新店数量迅速增加，老店改建风潮，高额利润。
1996—2000	快速成熟期	亏损店铺逐年增多，微利，倒闭现象司空见惯，业态转型。
2000年以后	停留在成熟期	市场饱和，商店过多，保持市场占有率与降低成本最重要。

三、百货店业态现状

百货店是历史最悠久的零售业态之一。在我国，百货店当前仍是零售业态的核心组成部分，并且有综合化、专业化、连锁经营、区域性扩张的发展趋势。同时，我国百货零售业的产业集中度正在逐年提升，但相对于发达国家的市场结构，仍然处于较低水平，存在较大的扩张空间。

中国百货业目前正逐渐从高费用、强促销、一切从供应商要利润的竞争方式，走向注重内化管理和树立百货自身品牌的模式。进一步来看，一线城市中，购物中心的兴起对传统百货业的冲击很大，百货业的集中度不断提高，招商方式也从单店逐步转向区域总部；而二三线城市中，随着奢侈品消费的迅速延伸，一些实力雄厚的本土百货企业则采用自己代理高端品牌的方式来提高竞争力和利润水平。随着城市化进程的提速，未来中国百货业将面临更为广阔的市场。

（一）规模与集中度

中国近十年来经济持续高速增长以及“促内需”的经济转型战略，社会消费品零售总额一直保持着高速增长，过去十年复合增长率达到16%。从2008年开始社会消费品总额增速即超过GDP增速，消费崛起的长期趋势凸显。

在需求持续旺盛的背景下，我国百货行业增长迅速。2002－2011年复合增长率达到12%；具体来看，从2004年到2011年，百货的门店数量从2637家一跃增至4239家，增速达60.75%。期间，一些企业借此扩张浪潮纷纷上市融资，刺激了百货行业利润的高速成长，2004－2011年平均营业利润增速达到了36.36%，平均营业收入增速达21.67%。2011年的营业利润已高达134.54亿元。

但是从2011年开始，零售行业中百货零售份额一直呈下降趋势，其销售额占限额以上零售总额比十年前下降23个百分点。这说明百货业已经走过了快速发展的阶段，进入到了成熟整合升级阶段——从单方面向外追求规模到多方面的向内求质量。如图1－1所示。

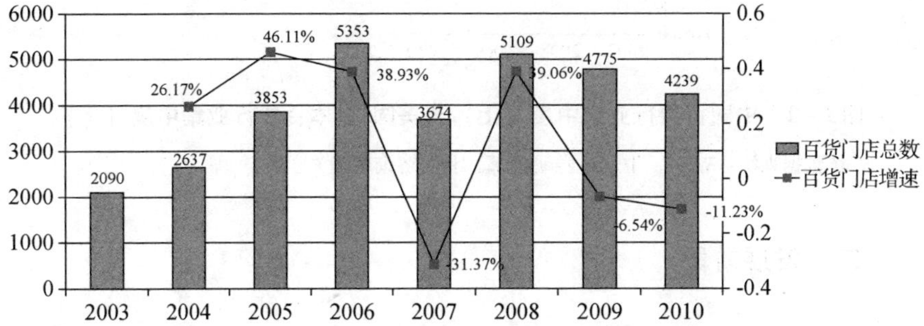

图1－1　近十年来我国百货门店总数及增速

（数据来源：Wind，中信证券研究部，和君咨询整理）

从行业集中度方面看，百货业仍是：区域划分，群雄割据，整体分散。因此当前集中度还很低。2011 年我国百货业 CR4（行业前 4 名份额集中度指标）仅为 7.5%，CR8（行业前 8 名份额集中度指标）仅为 12.6%。同百货业相对发达的美国、日本相比，这些国家的集中度指标达到 41% ~ 88% 的范围，说明中国百货行业的市场集中度同发达国家相差甚远。如图 1-2 所示。

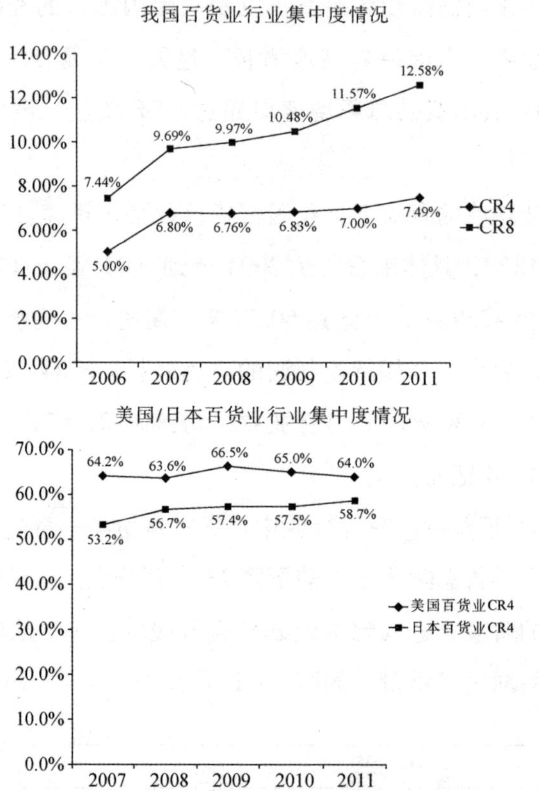

图 1-2　中国百货行业集中度（上）与美国/日本百货行业集中度（下）

（数据来源：Wind，中信证券研究部，和君咨询整理）

（二）发展阶段

传统单体百货业态整体由成熟期走向衰退期

从发达国家零售业态的演变历程上来看，人均 GDP 的增长是零售各子业态演变的决定性因素。一般而言，人均 GDP：

- 突破1000美元至3000美元是现代百货业的高速发展期；
- 3000美元以后大型综合超市开始兴起；
- 6000美元以后便利店业态流行；
- 10000美元及12000美元以后仓储式商店和大型购物中心逐步繁荣。

从这个角度来看，由于我国大多数地区的当前人均GDP已经超过3000美元，百货业态正由成熟期向衰退期过渡，销售利润率持续降低，进入微利时代（利润率1.7%左右）。如图1-3、1-4所示。

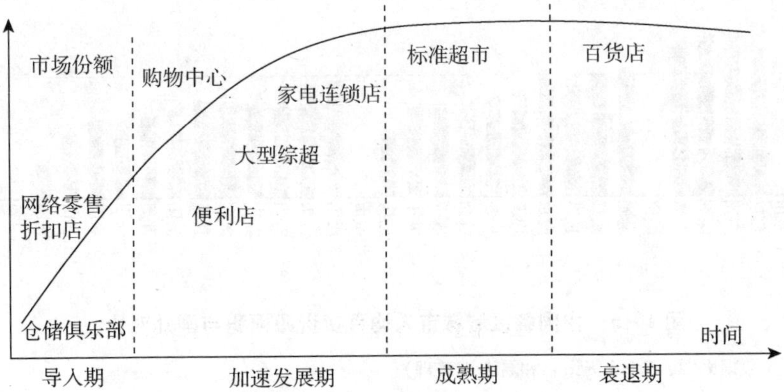

图1-3　百货店业态的生命周期

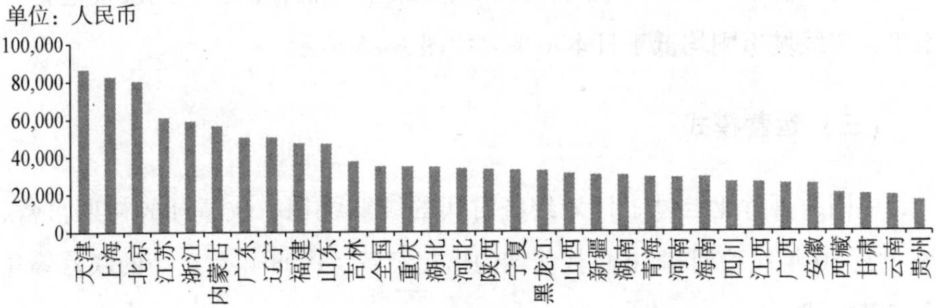

图1-4　中国各省、直辖市2011年人均GDP比较

（数据来源：国家统计局，和君咨询整理）

一线城市过剩，二线城市饱和，三线城市还有空间

我国大型百货公司主要分布在北、上、广、深等一线城市，密布于各大核心商圈；天津、武汉、成都、重庆等准一线、二线城市也拥有较大保有量。在购物中心大肆扩建、网购潮流兴起之势下，一二线城市的百货业竞争激烈，处于下滑阶段。部分三线城市由于受网购的影响较小，并且受到区域消费方式与文化的影响，百货业还有部分发展空间。

从数据指标来看，与美国、日本等发达国家相比，我国的人均百货面积整体还很小，但不同区域发展不均衡。以日本人均百货资源面积十年平

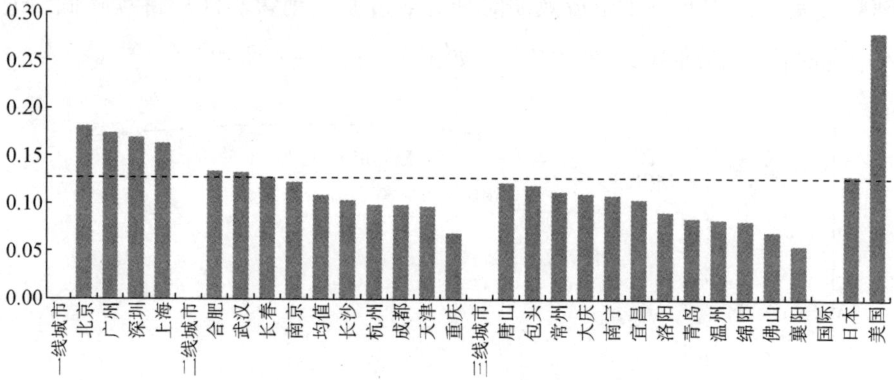

图 1－5　中国各区域城市人均百货资源面积与国外对比

（数据来源：Wind 资讯，和君咨询整理）

均水平为参考标准，我国一线城市人均百货资源面积占有量平均为 0.17 平方米，高于日本（0.13 平方米）；二线城市中合肥、长春、武汉接近日本水平；三线城市则均低于日本水平。如图 1－5 所示。

（三）运营模式

中国的百货业走过了计划经济时代的统购统销、改革开放初期自营、20 世纪 80 年代后期和 90 年代前期的出租经营、1998 年后至今的联营等几个经营模式。

在运营模式上主要分为：自营模式、联营模式、租赁模式、“买手”模式、自营＋联营综合的模式以及连锁规模化等几大主要模式。如表 1－5 所示。

表1-5 各种运营模式的对比

	特点	物业方收入及盈利来源	存货风险	产品品牌运营	经营能力要求	风险周期性
出租	纯商业地产	租金收入：物业持有者当期收入与经营方销售及盈利情况不直接相关	不承担存贷风险	不参与品牌运营	低	风险低，周期性弱
联营	明显商业地产属性	当期收入与品牌经营方销售收入密切相关，但与销售利润关联不大	不承担库存风险	基本不参与特定品牌运营，但需要选择品牌商	较低	风险较低，周期性较弱
买断	典型零售企业	当期收入即为产品销售收入，销售毛利即为购销差价	承担存贷风险	“买手”模式，严格选择采购产品及品牌	高	风险较高，周期性较强
专营	具有品牌运营特点	当期收入即为产品销售收入，销售利润为购销差价扣除品牌运营费用	完全承担存贷风险及品牌运营费用	需积极参与并运作经营，承担大部分运营费用，完全拥有品牌	较高	风险高，周期性强
自有品牌	完全自有品牌产品的零售	当期收入即为产品销售收入，销售利润为购销差价扣除品牌运营费用	完全承担存贷风险及品牌运营费用	具有品牌经营的决定权	很高	风险很高，周期性很强

目前，国内的百货业都以“联营”模式（也称作“品牌联营”或“扣点联营”模式）为主，是我国百货业态的主流盈利模式，但个别品类也存在买断、专营等模式。

“联营”模式的收入比例一般占到百货店总销售额的80%以上，导致各家百货店品牌同质化较为严重，百货商店在自营商品的经营能力上退化，缺少买手的人才准备。如图1-6所示。

（四）行业竞争状况

由于中国区域消费习惯、南北气候差异巨大，再加上运输成本高昂，形成了物理上自然的市场分割，这些的因素导致百货业目前的竞争状况是“群雄并起，诸侯割据”，形成诸如东北大商、上海友谊、江苏金鹰、北京王府井、浙江银泰、重庆重百、湖南友阿等区域为王的局面。

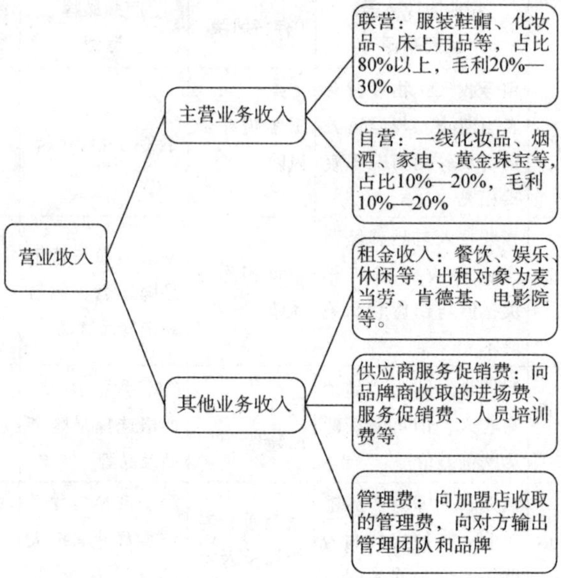

图 1－6　目前中国百货业盈利模式

【第2章】

超市：服务社区，走向高端

【观点摘要】

超市是满足消费者日常生活必需品需求的零售业态，也是零售业中标准化最强的业态，便于复制扩张，便于并购整合，近几年超市业态发展较快。

经历了标超—综超—大卖场的规模品类升级阶段，超市行业已经转入连锁超市业态下的客层人群不断细分的精耕阶段，其中高端精品超市与社区超市将成为未来主流趋势。

“社区超市”将会成为“最后一公里”的商机，浙江三江购物、北京超市发则是众多区域社区超市的对标企业。

与此同时，根据消费者需求进行的自有品牌开发将成为超市盈利亮点。在扩张方面要以兼并重组为主要方式进行不同区域市场的渠道构建和区域下沉深耕，实现真正的连锁规模化。

第一节　超市业态面临的问题与发展趋势

一、问题与挑战

（一）国家政策限制，通道费模式难持续

通道费是超市进入中国初期，渠道溢价能力的集中体现，符合当时的供需及市场条件，对超市企业的盈利发挥重要的作用。但随着国家对超市规范化发展的要求（如表2－1所示），以及渠道竞争的加剧，“薄利多销”将成为超市渠道盈利的发展方向，这也符合消费者对于价格和品质的诉求。因此，内资企业的通道费模式难以长久维持。

表2－1　国家部委针对整顿零售企业向供应商违规收费出台的整顿措施

时间	部委	颁布条例	整顿精神
2006年	商务部	《零售商供应商公平交易管理办法》《零售商促销行为管理办法》	（1）买断经营的零售商的主要收入来源是进销差价，出租柜台的零售商的主要收入来源是租金，代理销售的零售商的主要收入来源是代销费。（2）零售商可以收取促销服务费，其他所有费用均应纳入清理之列。（3）合同费、搬运费、配送费、节庆费、店庆费、新店开业费、销售或结账信息查询费、刷卡费、条码费等均属于违规收费
2008年	商务部	《零售供应商公平交易行为规范》	
2011年	国务院	全范围内部署开展清理整顿大型零售企业向供应商违规收费工作	
2012年	商务部等五部门	上海联合召开全国清理整顿大型零售企业向供应商违规收费工作会议	

（二）缺乏规模化优势

无论是内资还是外资企业，目前尚未形成全国性的、具备强大规模优势的超市企业，但沃尔玛等外资企业的全国性布局相对更具优势——集中

采购、先进的物流配送、先进的信息系统。届时，国内的超市企业将面临更加严峻的市场考验。

（三）多层分销体系使连锁超市跨区域扩张面临挑战

我国超市企业的经营品类大体为生鲜、食品、日用杂货、针纺服装等。由于我国幅员辽阔，食品用品和服装等品类的供应商大多采取以省，甚至以市为单位的多层分销体系，厂家生产出的商品经过多级批发商到达零售商的店铺并卖给消费者；生鲜品类一般是经由农产品经纪人或者产地批发市场到销地批发市场再到零售商手中。

经营民生类必需消费品的超市企业的竞争关键是低价，采购规模大能够降低成本。由于目前广泛存在的多级分销体系，使超市企业在跨区域扩张中，使老区域的销售规模带来的采购成本优势不能延伸到新进入的地区。另一方面，跨区域的超市企业还面临区域原有零售企业在供应商供货方面的封杀，导致这些企业在新区域的新店培育期拉长和新区域经营初期亏损。

（四）人工成本上涨，侵蚀行业盈利能力

德勤和中国连锁经营协会联合在京发布了《2012中国零售力量》，该报告称：2011年连锁零售企业人工费用上涨26%，租金成本上涨10%，给净利润率长期仅有1%~3%的零售业带来了极大挑战。

房价上升导致生活成本上升，生活成本上升引发工资增长，工资增长意味着企业生产成本提高，终端商品价格上升，通货膨胀呈螺旋式发展，加重了零售企业的负担。人工、房租、水电涨价等汇聚在一起，压缩了零售行业原本就微薄的利润。

在这场生产成本的大战中，超市业面临的困境远远大于百货业，因为超市是劳动力更为密集的行业，自身缺乏核心技术，不能制造高附加值，因而也处于利润分配的下游，对各种成本上涨的敏感度较高。在夹缝中生存的超市行业，亟待通过技术、人才、管理等方面的创新开源节流。

二、发展趋势

（一）业态细分，高端精品超市与社区超市将成为未来趋势

按国外统计惯例，一般人均GDP在800～2000美元之间，是连锁超市产生的时期；人均GDP达到4000美元，是便利店、专卖店、专业店批量发展时期；人均GDP超过4000美元，高级专卖店、精品店、奢侈品开始流行。

根据国家统计局的数据显示，2012年，中国“万亿城市俱乐部”的成员已经达到24个（广东、江苏、山东、浙江、河南、河北、辽宁、四川、湖南、湖北、上海、福建、北京、安徽、内蒙古、黑龙江、陕西、广西、江西、天津、山西、吉林、重庆、云南），其中北京、上海、广州、杭州、厦门、天津等地区的人均GDP也已经超过了1万美元。

经济的快速增长与人均GDP的提升为高端精品超市的发展奠定了基础。高端精品超市是一种“高投入、高毛利、高回报”的模式。其经营毛利率比普通超市大卖场（平均毛利率为12%）要高出一倍或更多。随着国内新兴中高消费阶层形成，必将对原有的零售市场进一步细分，高端精品超市正好恰逢时机。

上海的城市超市、中百生活剧场、华润万家Ole、北京华联BHG等，都是以一个局部的非大众化的细分市场作为主要目标。这些消费者具有的共同特征是：以进口商品、高档食品、日用化妆品、生鲜食品等高端商品为消费目标，追求商品的新鲜和新潮。这些超市的商品都具有高价格、高毛利、高成本等特征，商品本身凸显了目标消费者标新立异、品位独特的价值诉求。

另外，随着一线城市商圈逐渐扩展至郊区，24小时便利店无法覆盖到的商业区和社区，各种专业超市和社区超市开始不断涌现。此外，商业集团也加大了对社区超市、生活超市的升级改造。例如，立足浙江区域发展的三江购物和服务社区的先行者北京超市发等。

（二）自有品牌成为超市盈利亮点

自有品牌能够使超市企业直接控制生产、采购、分配流程，最大限度压缩供应链，在满足消费者对物美价廉商品需求的同时，提升企业的利润空间。通常超市的自有品牌商品的价格要比同类商品价格低10%～50%，但利润却高出10%～30%，丰厚的利润诱惑使得“自有品牌战略”被越来越多的零售商所关注。

相对于本土超市，外资企业更为重视自有品牌的开发与营销。目前外资超市自有品牌的品种已基本涵盖了生鲜、食品、非食品及百货。例如，沃尔玛的“惠宜”食品、大润发的“大拇指”日用商品、易初莲花的“正大”鸡肉鸡蛋等。如表2－2所示。

表2－2　内外资超市自有品牌比较

企业	品牌系列	单品数量	主打品牌
沃尔玛	13个系列	2400多种	“惠宜”、“Mainstains” 和 “Simply Basic”
家乐福	4大系列	近2000种	福斯莱、欧蕴纺织
Tesco	2个系列	1300多种	“Tesco超值”、“Tesco乐购”
麦德龙	19个品类	2000多种	“宜客”、“芸食物”、“厨之选”、“瑞吧”、“喜迈”
世纪联华	3大系列	2000多种	“LH”、“优品超市”、“联华佳惠”

（数据来源：超市企业网站，和君咨询整理）

（三）以兼并重组与渠道下沉实现规模化

超市行业是一个规模优势的行业，规模优势的支撑点在于物流网络的广泛铺开。规模优势通过良好的物流管理能力转化为采购成本优势和质量控制优势，而这两者易于形成良好的超市企业信誉和品牌优势。

国外超市行业以大型企业与中小型企业之间的竞争为主，而我国超市行业主要是本土超市与外资超市之间的竞争。目前，虽然本土超市在门店数量上仍占据主导地位，但外资超市近年来加速扩张，布局中西部及二三线城市，已经严重威胁到本土超市的发展。

因此未来超市行业的竞争格局如何发展，要看内外资超市企业的竞争策略，更要看谁能率先抢占市场。而率先实现快速扩张的有效途径就是“大鱼吃小鱼”，即实施同一区域内的兼并重组。因此，在内外资争相攻城略地的时代，超市行业的兼并重组将成为常态。

另一方面，渠道下沉也是超市行业规模化经营的另一发展路径。由于我国地域广阔，东部发达城市市场已经趋于饱和，因此三四线城市及中部、西部地区将是未来竞争的主战场。

第二节　最后一公里商机：社区超市

对于大部分消费者来说，购物，特别是购买生鲜食品时，去超市是司空见惯的消费现象。价格实惠、产品新鲜、品质有保障、货品琳琅满目，这些是大超市比较常见的优势。然而，消费者在生活中还是会遇到一些不便利，比如半夜饥肠辘辘而无处觅食；比如菜下锅了才发现酱油瓶见了底；再比如，准备洗漱时牙膏却没了。这个时候，您肯定会想，要是楼下有个商品较全的超市就方便了，而“社区超市”的出现，正好迎合了消费者的这种需求。

一、什么是社区超市

社区，在我国主要是指位于城市或城镇及城乡结合区的各种类型的居民小区。社区人口相对集中，消费也相对稳定。社区超市，就是以所在社区居民为主要服务对象的超市形态，在商业业态上介于大型综合超市和中小便利店之间。辐射范围 1 公里左右，面积在 3000 平方米左右，向社区所在居民提供日常生活所需要的消费品，如生鲜、食品、日用品等。为消费者提供“便宜”“便利”的零售服务是社区平价超市的核心竞争力所在。

与大型综合超市相比，除了都采取开架自选销售方式以外，社区超市在选址、目标消费者、商品规模和种类等方面都有自己的定位与特色。

与便利店相比，社区超市的营业面积更大，商品类型和品种较丰富，价格更优惠，可以满足居民日常生活的基本需要。社区超市所服务的人群不是便利店定位的商圈白领，而是社区老百姓。社区超市满足的是居民日常生活消费，而便利店主要是满足及时、少量和应急性的消费需要。如表2-3所示。

表2-3　社区超市与大型超市及便利店比较

项目名称	大型超市	社区评价超市	便利店
商圈和目标客户	辐射半径2公里以上，目标客户以居民、流动客户为主	辐射半径1公里左右，目标客户以周边社区客户为主	顾客5分钟内到达，目标客户为单身年轻人为主
商品结构	大众化衣、食、日用品齐全，一次性购齐，注重自有品牌开发	满足居民日常生活消费	即时食品、日用小百货为主，有即时消费性、小客量、应急性等特点
选址	市、区商业中心、城郊结合部、交通要道及大型居住居	居民小区等居民居住集中的地方	商业中心区、交通要道以及车站、医院、学校、娱乐场所、办公楼、加油站等公共活动区
价格	大部分高于市场平均价格水平，小部分低于市场平均价格水平	低于市场平均价格水平	高于市场平均价格水平
规模	6，000平方米以上	3，000平方米左右	100平方米左右

二、社区超市发展现状

（一）行业集中度很低，前景乐观

城市中心区和次中心区的零售业已经处于成熟发展阶段，竞争呈现白热化格局。相比之下，社区商业起步相对较晚、基础薄弱，没有得到有效的挖掘。

按发达国家经验，社区商业是经济发展到一定阶段后产生的新型消费需求，零售总额比例的占比一般在40%左右，有的甚至占到60%。根据中国连锁经营协会提供的数据，我国社区消费只占城市消费品零售总额的30%。

随着城镇化进程的加快，一二线城市商圈逐渐扩展至郊区，传统的以主城区为目标市场的大型超市无法覆盖到这些商业区和社区。而社区型超市对商圈的要求不如大型超市严格，较小的单店规模和运营成本使得社区型超市的发展空间受人口和地域的限制较小，因此社区型超市既能与大型超市并存于一、二线城市的大型社区，也能存在于大型超市不能覆盖的小型社区、新社区、郊区、三四线城市的社区。

社区型超市能覆盖更多的人口和区域，拥有更大的发展空间，并且没有严格的市场容量限制。外资超市以大型超市为主，尚没有涉及社区型超市领域。因此，社区型超市行业竞争的强度大大降低。社区型超市能提供众多的便民增值业务（IC卡充值、水电费代收、电信费代办、信用卡还款等），这些便民增值业务有利于增强门店的客流量和单店坪效，增加消费者的忠诚度和依存度。在连锁超市行业快速发展的情况下，社区型超市更具发展前景。

（二）顺应人均GDP发展之势，处于成长中期

社区超市属于超市行业中的细分行业，它的发展与人均GDP水平具有很强的关联性。根据国际统计惯例，一般人均GDP在5000美元之后，社区超市开始加速发展。2011年，中国消费者的人均GDP突破5000美元大关，达到5414美元。但是由于区域发展的不平衡性，东、中、西部，一线、二线、三线、四线城市之间的经济水平和人均GDP差距较大，因此，社区超市目前主要集中在经济发达的一二线城市，在三、四线城市还几乎处于空白，整体上处于成长中期。如图2-1所示。

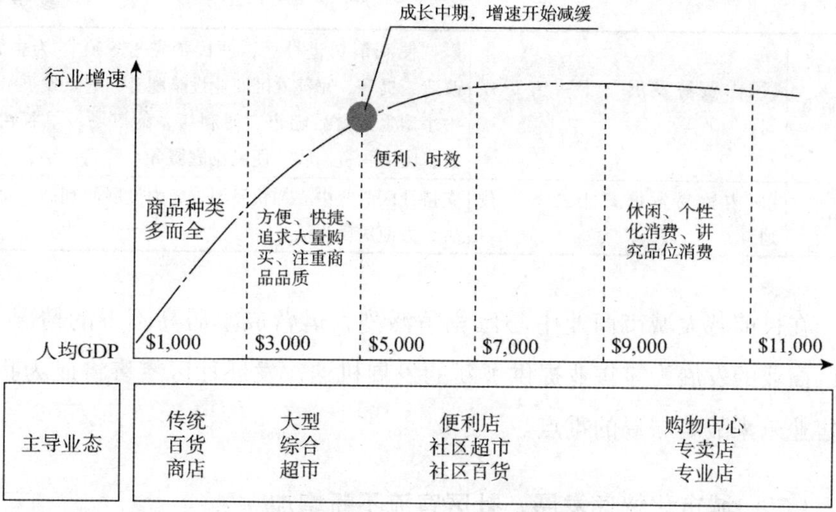

图2-1　零售业态与人均GDP的关系

三、社区超市发展机遇

（一）国家政策大力扶持

社区商业作为新型的商业体系在我国受到越来越多的重视，2005年，商务部发布《关于加快我国社区商业发展的指导意见》明确提出完善和发展社区商业服务体系；2006年商务部发布的《国内贸易发展“十一五”规划》更是将社区商业作为“十一五”国内贸易领域重点发展项目，明确提出以“便利消费进社区，便民消费进家庭”为主题，改造、提升、完善社区的商业服务网点，加快新建社区商业设施配套，重点发展社区中小型生鲜食品超市等的发展目标。如表2-4所示。

表2-4　中国在社区商业方面推进的相关政策

2005年	《关于加快我国社区商业发展的指导意见》）（商改发）	加快发展社区商业，鼓励有实力的连锁企业参与社区商业建设，形成满足基本生活消费需求的社区服务网络

续表

2006年	《国内贸易发展“十一五”规划》	以“便利消费进社区，便民消费进家庭”为主题，改造、提升、完善社区商业设施配套，重点发展社区中小型生鲜食品超市、便利店、菜市场、早餐快餐店、废旧物资回收、便民家庭服务
2010年	《国内贸易发展“十二五”规划》	支持社区商业中心加快发展，大力发展便利店、食杂店，方便居民生活

在目前各大城市商业中心区竞争激烈，运营成本居高不下的情况下，社区商业的发展为零售业提供了新的发展机遇，发展社区零售将成为我国零售业未来战略布局的重点。

（二）城市化快速发展，社区客流不断增加

零售行业的本质是经营客流，客流的走向决定了零售企业开店的大方向。城市化带来了客流，是零售业发展的基本动力之一，未来随着经济的不断发展，城市化率将不断攀升。

当前，我国的城市化率已接近50%。根据“十二五”规划，未来5年我国城镇化率要提高4个百分点，到2015年达到51.5%，平均每年增加0.8个百分点。如图2－2所示。

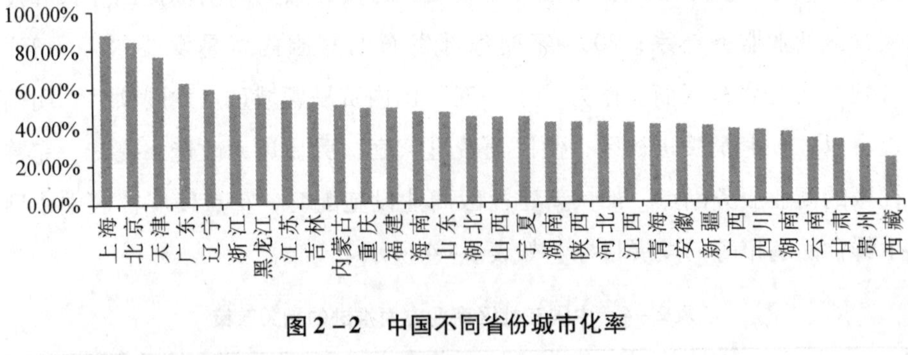

图2－2 中国不同省份城市化率

（数据来源：国家统计局，和君咨询整理）

将逐渐形成小城市变成大城市、大城市郊区化并转变为都市圈的局面。城市的日益扩大和郊区化，促使大量农民融入城市，将形成越来越多

的居民社区，壮大社区商业的消费人群。

根据麦肯锡咨询公司的研究，中国正朝着2030年城市人口达到10亿的目标迈进。在过去的15年内，中国出现了两座人口超过1000万的巨型城市（北京和上海）。根据目前的发展趋势，在未来的二十年内，还将出现六座这样的城市（广州、深圳、天津、武汉、重庆、成都），其中有两座城市人口将超过2000万，巨型城市和中型城市的出现将容纳更多的城市人口。

由于零售行业对客流量具有较高的要求，在以往业态的扩张过程中，城市中心区和次中心区的优质物业可以具备较好的客流资源，但资源稀缺，竞争接近饱和。相对而言，以社区居民为目标群体的社区商业，拓展范围十分宽广，更能分享城镇化提升过程中新兴居民社区涌现的商业机会。

按照发达国家的经验，7000个住户规模即可以提供一个社区超市所需的客流量。因此城市化进程带来了社区客流的不断增加，而社区客流的不断增加也会刺激社区超市的大力发展。

（三）大城市交通日益拥堵，“就近消费”蓬勃发展

在很多城市，商业中心大都位于城市的中心区，消费者总是习惯于去市中心商业区购物，因为那里有最丰富的选择，有最热烈的购物气氛，有更多的折扣，这造就了核心商圈的繁荣。但随着城市的日益扩大及经济的不断发展，去核心商圈购物日益成为一个难题：人多拥挤、堵车、停车难、交通成本提高等因素影响了原来核心商圈到达的便利性（如表2－5所示），逐渐成为人们去核心商圈购物的阻碍，这也使得社区商业的形成成为可能。

表2－5　各大城市2010年底人口数量及机动车保有量

城市	北京	上海	深圳	广州
总人口（万人）	1961.2	2301.9	1035.8	1270.1
人口密度（人/平方千米）	1196	3630	5128	1708
机动车保有量（万辆）	481	280	170	214.5

（数据来源：国家统计局，和君咨询整理）

（四）消费者需求多样化，便利与多品类成为核心需求

伴随消费习惯和消费能力的变化，消费者对购物环境和价格的敏感程度会逐步降低，“便利”和“品种数”成为选择零售商的关键因素。特别是对于快速消费品，有一个最大的消费特色就是习惯便捷消费、新鲜消费，不习惯长时间储藏食品。如图 2－3 所示。

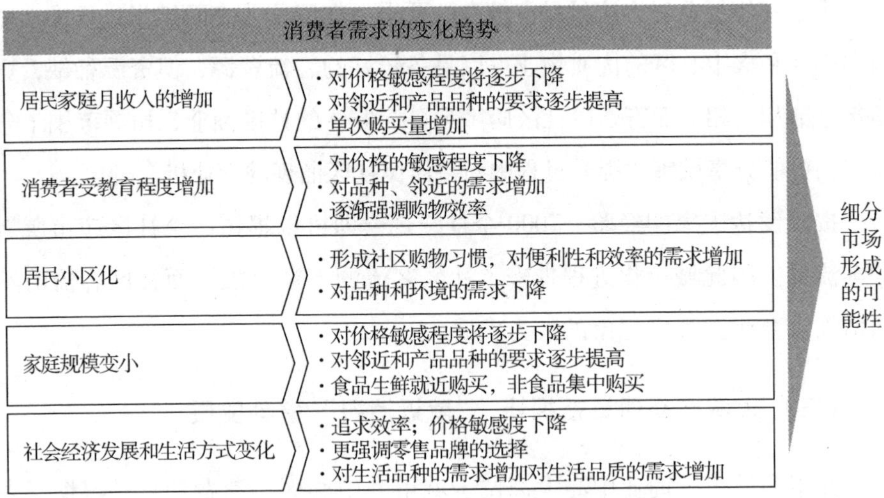

图 2－3　消费者需求变化趋势

这些趋势正符合社区平价超市“便宜”“便利”的市场定位。作为“贴近消费者，便利性突出”的社区超市，虽然规模相对较小，但商品品种多、品类齐，能够满足消费者的日常消费需求，弥补了大型超市购买商品不方便的欠缺。便利性成为社区平价超市对抗大型超市的一大优势。同时，由于贴近社区，使得其能与社区居民建立更深一步的沟通与交流，获知消费者的购买习惯和购买偏好，及时调整自己的产品、价格、促销等策略，有利于形成更加稳定的客户消费群体。

第三节　深耕区域——三江购物

三江购物成立于 1995 年，是浙江省最大的本土连锁超市。立足于宁波，向全省辐射，已成功开办了多家大中型综合超市，网点遍布浙江省的宁波、舟山、杭州、金华、台州、丽水、湖州、嘉兴、绍兴等 30 多个城市和地区。定位“社区平价超市”，坚持“天天低价”的营销模式，努力保持商品低价率在 60% 以上。在选址上，坚持贴近社区消费群体的特色，为社区居民提供便利的服务，凭借“便宜”与“便利”与大型超市、便利店等形成差异化竞争优势。

根据公司资料显示，截至 2012 年底，门店总数 146 家，其中宁波 104 家、浙江其他城市 42 家，总面积 44.75 万平方米，单店面积 3065 平方米。三江购物拥有 2 座大型配送中心，占地 13 万多平方米。员工总数近万名，会员顾客 200 多万人。2012 年三江购物位居中国连锁经营百强第 71 位，中国快速消费品连锁零售百强第 29 位。

三江购物作为社区超市的代表，有哪些成功的经验和值得借鉴的地方？

一、定位清晰，错位经营

在我国，尤其是东部发达省市，城市中心区和次中心区的零售业已经处于成熟发展阶段，竞争也形成了白热化格局。浙江省作为乡镇经济、外向经济、中小企业创新极具活力的省份，2012GDP 突破 34606 亿元，人均生产总值 63266 元，首次突破 1 万美元。按全国统一的指标体系测算，全省全面小康实现程度高于全国平均水平 12.2 个百分点，位列北京、上海、广东之后，是第 4 位。

与此同时，我国零售行业还处在跑马圈地式的快速扩张期，内外资超市目前均加快了开店的步伐，外资零售巨头近年来更是加大了在二三线城市布局的步伐，尤其是经济相对发达的浙江省，成为内外资竞相逐猎的决战之地。

面对如此激烈的竞争，三江购物另辟蹊径，在综合考虑竞争态势、市场环境等因素的基础上，将自己的业态定位于社区平价超市。将周边500米至1000米范围内的社区居民作为目标客户群，将居民日常必需的生鲜、食品及日用品作为主要销售商品，不盲目扩大如服装、电器等经营范围。

正是这种精准的定位，使得公司“便宜”（60%商品低于周边竞争对手)、“便利”的营销战略既恰到好处地满足了周边社区居民对日常生活所需商品的需求，又成功地与大卖场和便利店产生了差异化竞争优势，为公司获得了稳定的消费群体。

在生鲜的品类结构上，基于江浙一带的消费习惯，海鲜和米、油品类是超市的主要产品。这样的清晰定位，错开了浙江当地零售行业的激烈竞争，同时抓住社区居民的真实需求，为三江购物赢得了生存和发展壮大的机遇。

二、下沉二三线，抢占机会

与外资超市凭借管理和资金优势由一线向二三线城市全面布局不同，我国本土超市呈现出区域重点布局的特点，表现出较强的区域性。区域零售企业凭借对当地市场需求的准确把握，成为区域龙头企业，与外资企业相抗衡。如武汉中百、物美集团和苏果超市分别在湖北省、北京和江苏省确立了各自的市场领先地位。

作为内资区域零售企业，三江购物也有自己的优势：（1）占据优势地理位置，并且熟悉当地的消费需求，在区域内具有一定的品牌影响；（2）随着扩张速度的加快，区域内门店网络日益密集，供应链优势也更容易发挥；（3）各大外资企业均致力于全国性布局，而本土零售企业在区域内集中资源进行密集布点，易于形成在区域内的规模效应与良好口碑。

浙江省地处中国经济总量最大的长三角地区，东临东海，南邻福建，西接安徽、江西，北连上海、江苏，具有良好的区位优势。作为中国经济较为发达的经济大省，浙江除了目前 11 个地级城市以外，其余二三线的 36 个县，22 个县级城市以及 23 个市属城市均具有极大的消费潜力和能力，浙江省部分县级城市的消费能力甚至不亚于我国中西部地区的地级城市。

顺应大好形势，三江购物目前除了在宁波地区蜂窝式加密布局以外，同时在浙江地区以及上海地区零星布点，目前公司在浙江省宁波周边丽水、舟山、台州地区营业面积占当地主要超市企业营业面积综合的比例均在 20% 以上，在上述地区形成了自己的优势地位。

三、便宜 + 便利，迎合消费需求

从消费习惯来看，社区超市的消费者群体的消费价格弹性要高于大型超市和百货商店的消费者。价格策略是吸引并稳固这部分消费者的根本，也是公司能够在大型超市和便利店的夹击中获取成功的关键。便利则是社区超市这一业态本身固有的特性。围绕这一定位，公司门店大都开设在社区周围，满足消费者日常生活所需，填补了大型超市和便利店之间的市场空隙。

（一）便宜

三江购物公司规定，同一商品（同品牌、同规格）门店零售价格比主要竞争对手低，该商品就定义为低价商品；其确定的会员价比对手低 3% 及以上的，该商品也定义为低价商品。公司每月进行一次市场调查，各门店根据竞争对手商品价格情况调整商品价格，力争使商品低价率在 60% 以上。

通过低价营销模式，让消费者切实感受到购物的实惠和便捷，为消费者提供质优价廉的商品。为保持并扩大公司社区平价超市的低价优势，公司始终致力于从采购、配送、日常运营等各个环节对成本的控制。通过建立物流中心、实行大规模统一采购及不断优化供应链体系等方式使经营成本进一步降低。同时，制定严格费用管理制度，坚持在门店选址、门店设计装修等方面奉行节俭，有效降低了公司营运成本，从而使公司综合商品低价率能维持在较高水平。

（二）便利

公司定位于社区超市，门店大多开在居民社区周边，距离上更加贴近社区居民；商品品种以食品、日用品、生鲜等居民购买频率高的商品为主，足以满足日常所需；门店营业面积适中，一般在3000平方米左右，消费者可以快捷地挑选到所需商品。

1. 门店网点多。大型超市辐射范围广，店面相应较少，对于购买频度高的日常生活消费品，给居民带来很多不便。而三江购物的网点比较密集，贴近消费者，周边居民可以方便到达，更加便利居民日常生活。

2. 商品结构适应消费者需求。与大型超市不同，大型超市提倡“一次购足”，所提供的商品多而全，店面面积大，购物所需时间长。公司立足于满足社区居民日常生活所需，以食品、日用品和生鲜为主，为社区居民提供购买频度高、日常生活所需的商品，减少了消费者购物和等候时间，适应了商业社区化的发展需要。如图2－4所示。

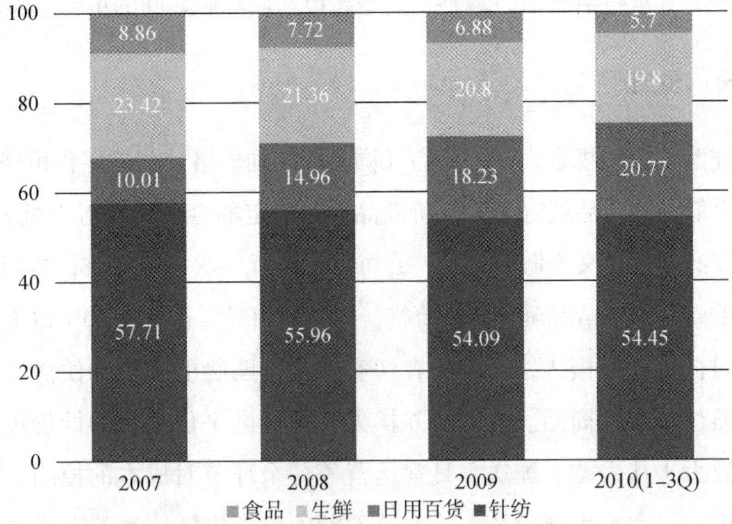

图2－4　三江购物社区超市的商品结构

（数据来源：公司网站，年报，和君咨询整理）

四、会员制，有效锁定社区消费群体

三江购物在为客户提供便利便捷服务的同时，利用对不同群体的价格优势，以商品销售价格的略微降低为代价成功获取了稳定忠实的客户群体。在超市行业中，固定的消费群体至关重要，这意味着稳定的商品销售量和现金流量，而且更有利于公司配送体系的筹备和安排，降低缺货率，提升客户满意程度。

三江购物定位于社区超市，在交通地理等方面占据优势的前提下，通过会员制有效地在激烈的行业竞争中锁定消费人群，进而降低了边际配送成本和缺货成本，巩固了公司既有的低价策略。

三江购物实行的是会员制和非会员制并行的销售模式，会员在消费时可享受会员价格；商品定价实行双价格体制，即会员在普通零售价基础上，可享受一定的折扣率，会员还可参加公司不定期策划的一系列会员独享活动。在费用方面，向每位会员收取年费20－30元（新会员年费30元/年、续费会员年费20元/年、家庭副卡不收取费用），致力于提高服务质量、丰富服务内容、稳定并扩大客户人群。

近年来，公司会员消费者快速增长，2010年3季度末，公司会员总数达到218.9万名（其中家庭副卡139.75万名），会员销售占总销售额的比例达到75.05%，大大锁定了客户的消费习惯、忠诚度。以新会员为例，会员费30元，按照平均会员商品折扣3%计算，每年消费1000元以上方能收回会费成本。对比业内较为常见的积分等会员制度，收费的会员制更能够激发会员的反复购买，从而带来更高的客户忠诚度。如表2－6所示。

表2－6　公司会员费收入情况

时间	会员费收入		会员销售额
	金额（百万元）	增速（%）	
2007年	12.03	—	71.33%
2008年	14.11	15.30%	73.87%

续表

时间	会员费收入		会员销售额
	金额（百万元）	增速（%）	
2009 年	16.27	17.33%	75.78%
2010 年 1—9 月	12.1	—	

（数据来源：招股说明书，和君咨询整理）

通过会员制，公司可以锁定社区内消费群体，形成较强的客户黏性，为公司未来业绩的提升提供保障；另外，公司可以获得消费者详细消费数据，进行商业分析，可以更有针对性地为消费者提供服务，提高经营业绩和效率，可谓一箭双雕之举。

第四节　根植社区——北京超市发

超市发是北京最早做超市的老企业，品牌知名度高。目前拥有“超市发”品牌连锁店 125 家，80% 都在北京。业态涵盖了综合超市、食品超市、社区超市、菜市场。超市发以“消费者需要是我们努力的方向，消费者满意是我们追求的目标”为核心价值观，恪守“引领绿色消费，共创幸福家园”的企业使命，秉承“千方百计服务千家万户”的服务宗旨，构建“立足海淀、辐射北京”的战略格局，突出生鲜商品的经营特色，为社区居民提供“一日三餐”生活必需品，成为消费者贴心信赖的家庭伙伴。

在近一两年整个经济大环境低迷、零售行业增长减速的情况下，2012 年超市发的数据依然坚挺，除去批发业务，纯零售额近 20 亿元，同比增长近 10%。

超市发逆势增长有哪些绝招呢？如图 2－5 所示。

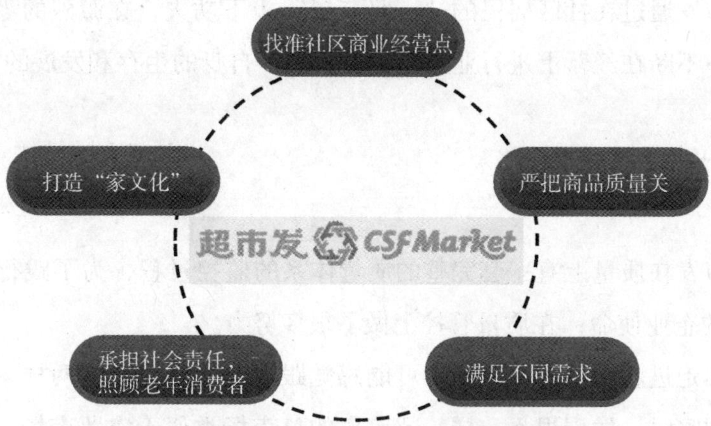

图2－5　超市发逆势增长的五大绝招

一、找准社区商业的点

随着外资企业与国内本土零售企业的直接交锋，以及国内零售企业之间竞争日趋激烈，零售企业要找准立足点和突破点，就显得尤为重要。而这个点对超市发来说，就在“社区商业”。超市发没有家乐福那么大的面积、那么齐全的商品，没有沃尔玛那么雄厚的经济实力，为了寻求差异化，超市发找到自己的特色，即“为社区服务”。

顺应市场，满足居民的需要，超市发把目光瞄准百姓的餐桌和日常用品，把生意留在家门口。直接解决居民们每天面对的生活难题，为其提供良好的购物环境，保证消费者以较低的价格购买到安全、放心的商品。

2005年，超市发开始对便利店进行全面调整和改造，创立社区超市，面积多为200－5000平方米，店铺位置绝大部分置身社区中心（居民小区），商圈小（2公里范围，消费者步行10分钟内），消费者每天多次光顾：购物、遛弯、休闲。

在经营品类上，食品类占比为80%，非食品类占比为20%。超市发除了设置主食区外，还专门开辟专区经营豆腐、熟食、奶制品及面包等，为社区居民提供丰富的一日三餐。

超市发通过在社区居民的“一日三餐”上下功夫，在激烈的零售业竞争环境中不断在经营上进行业态创新，找到了自身的生存和发展的空间。

二、严把商品质量关

超市发在质量上有一套完整的质量体系的监控过程，为了践行“绿色消费”的企业使命，在质量管控上做了很多努力。

当你走进超市发的菜市场，可能感觉跟农贸市场没什么两样，但当你再仔细观察时，发现很不一样。超市发的菜市场类似于农贸市场，而且这里的所有卖菜摊主，都是超市发经过挑选而来的进城务工人员。但与农贸市场不同的是，超市发对这些摊主们进行统一的管理，为了防止欺瞒消费者，所有摊主的秤都是由超市发统一配置，每天下班之前收回所有摊主的秤，不允许私自改动。

另外，聘请了很多义务监督员对食品安全进行监督。同时，超市发建立了国家认可的企业化验室，所有的农药残留包括金属超标都可以化验，社区居民可以进入到后台，进入到熟食间，进入到果菜加工间观察，看完以后可以给公司提意见和要求，而且会有一些礼品回报。这样的监督体系从源头到加工过程，都保证了安全与健康。

三、区别对待，满足不同需求

超市发经常深入社区，了解居民生活及购物习惯。掌握社区居民的家庭基本情况，开展多种形式市场调研，定期分析居民的购买行为变化，从商品准备、服务内涵予以满足，不断调整商品结构，增加畅销商品，真诚留住消费者，使他们更加忠诚。

例如，超市发有9个店做生鲜早市，早上六点半开门，满足早上出去遛弯儿的老人；而在针对80、90后的上班族这类消费群体上，超市发别有用心地提供从商品到服务的细微差别。比如，在蔬菜、半成品及熟食上，超市发会切好或打包成盒，帮助这些人节省时间；同时，为了做好更加贴心的服务，超市发还帮周围社区的年轻人办起了代收快递服务。由于年轻人白天在公司上班，鲜有时间回家收快递，于是超市发就承担起帮助这些人代收快递的服务，每次只象征性地收取 1 ~3 角钱的服务费。

四、承担社会责任，照顾老年消费者

随着我国人口的老龄化，购物也已经成为老年人巨大的生活障碍。在众多商家都将目标消费者锁定为崇尚超前消费、消费能力较强的年轻消费者群体时，超市发并没有忘记自己企业的责任与经营宗旨——照顾老年消费群体。

在超市发的每个门店，都有一支特殊的团队——超市发社区服务志愿者队伍，平时他们是普通的员工，但每周都会有一天的时间专门走进社区，为空巢老人提供服务，帮他们搞卫生、陪老人出来散心。

为方便老年人购物，超市发还增设了无障碍坡道、无障碍购物通道，每个店铺中都备有药箱，里面放有老年人急需的常用药物，药品种类随着季节转变而更换。此外，为老年消费者着想，超市发近年来新增了老年人用品专区，包括老年生活便利产品、浴室用品、手动轮椅车等，极大地满足了老年人的需求。

多年来，超市发也一直乐此不疲地提倡社区老人的健康饮食，每年都发放健康膳食手册，告诉广大老年朋友们春天吃什么、夏天吃什么、秋天吃什么、冬天吃什么。可以说，很多老年人近年来都把去超市发购物列入了作息时间表。另外在每年的九月九日“老人节”，超市发都要专为老年消费者组织商品，推出他们喜欢参与的试吃、试用等多项营销活动，让老人高高兴兴过节。

超市发希望，老年人能在这里感受到更多的关爱，在购物中感受到更多的温馨、亲情和照顾。为此，每年都会不定期地在社区组织“超市发”杯书法比赛、休闲消夏路演、老人秧歌赛等。这种温馨的交流使超市发成了消费者离不开的好邻居。

五、打造“家”文化的生活方式

超市发没有将自己定位为一个只卖商品的超市，而是“提供家庭日常消费全方位解决方案”。为了能够使商圈消费者在饮食上更加健康、提升居民生活质量，超市发不仅开展健康大讲堂活动，还投入人力、物力、财力编写了《超市发膳食贴心手册》发放给消费者，宣传在不同时令、时节的食补制作方法以及健康饮食方面的知识。通过这些努力，逐渐使消费者在超市发购物形成了习惯。

另外，超市发“贴心人”服务队、艺术团、足球队常年在社区组织服务活动，也丰富了社区居民的生活。

围绕企业与消费者之间的“亲情”纽带，超市发把营销活动与社区居民的家居生活方式有机结合起来。在夏季推出超市发“果蔬节”，现场品尝；春节前还为要回家过节的外地消费者举办“为您家乡行，捎去首都情”主题活动；涉及居民日常消费的生鲜商品，超市发宁可舍去毛利，以为居民购物提供优质的商品服务为先。

通过一系列的活动，在方便消费者的同时，也让他们感受到去超市发是他们的一种生活方式。

在社区商业的经营理念下，超市发立足社区，做出真正平民化、生活化的产品，更让周边居民有了亲切感，“就跟自己家做的一样”的感慨油然而生。

总结

消费者让渡价值论明确地告诉商家：谁能让消费者用最少的支出、最短的时间、最快的速度、最低的价格在最优质的服务下完成一次快乐的购物，谁便能最大化的占有市场竞争的优势。

这句话不仅看起来烦琐，而且做起来难度更大。在商品同质化、价位同价化、促销同质化的竞争阶段，所谓“梨子的味道都是一样的”，如何在有限的商圈内摄取理想的、尽可能多的消费者、消费者忠诚和销售利润？最主要的就是走进消费者的内心，为消费者提供符合其需求的商品与服务。

社区超市作为一种新兴的超市业态，顺应宏观经济大势与国家政策，迎合了消费者的需求。在未来，随着城市化的进展，将会有更大的空间。无论是三江购物的便宜与便利，还是超市发的“家庭般”的服务，其实都可以归结为是真正抓住了社区居民的内心需求。

未来，会有越来越多的竞争对手进入这个领域，也许社区超市将会像百货商场一样，进入激烈竞争和衰退期。**零售行业的本质是经营客流，从根本上来说，无论是哪种业态，谁能真正抓住消费者的内心，想消费者之所想，给消费者之所需，做到“投其所好”，谁就抓住了客流。**

第五节　美国社区超市的典范：韦格曼斯食品超市

根据全球知名人力资源咨询公司怡安翰威特发布的《2012全国人力资本情报研究报告》显示：中国员工的离职率高达18.9%；零售和快速消费品仍遭受着高离职率困扰，其中零售行业员工离职率最高，高达31%。

零售行业是公认的人员流动性较大的行业之一。不仅在中国，在世界其他国家，零售行业也面临着员工高离职率的困扰。超市作为零售行业的业态之一，人们一般不会把超市当作是理想的雇主，因为那里工资低，工作时间长，兼职员工的年流动率甚至高达100%。

但在美国纽约，就有这么一家叫韦格曼斯（Wegmans）的百年食品超市，连续多年登上美国《财富》杂志评选出的“最适宜工作的100家公司”排行榜。

韦格曼斯将员工与顾客放在同等重要的位置，希望通过员工满意度带动顾客满意度。而韦格曼斯的经营之道都集中体现在一直秉承服务当地社区的经营理念上。韦格曼斯从不盲目扩张，也使得其能够专注于为社区居民持续提供高品质的食物与高质量的服务。

曾经在2004年，公司收到来自全国各地的近7，000封来信，其中半数恳请韦格曼斯到当地去开店。马里兰州斯帕克斯市52岁的保险经理安·翁拉（Ann Unruh）女士以前从未去过韦格曼斯超市，她对就要在她所在的地区新开一家韦格曼斯超市感到非常兴奋，她已经计划请假一天到那里去购物。她表示没有必要再去全食超市了，“我今后只去韦格曼斯买东西。”

这个成立于1916年的家族企业，总部位于纽约罗切斯特市，只拥有80多家门店，是如何成为受人尊敬的零售企业，吸引所在社区的客流的呢?

一、产品放在首位，提倡绿色健康生活

韦格曼斯的每一家新店面积都达到了12，000平方米以上，相当于普通超市的三倍。因此，它可以满足各种口味的顾客，提供真正的一站式购物。全食超市不屑于经营含杀虫剂、防腐剂和其他不健康成分的食品。与此不同，韦格曼斯以有竞争力的价格既销售有机食品，也销售可可松饼。这种极其多样化的选择，也说明了为何在罗切斯特、锡拉丘兹和布法罗，人们对韦格曼斯近乎趋之若骛。

韦格曼斯还拥有属于自己的绿色有机产业链。韦格曼斯拥有自己的有机农场，种植的蔬菜及香草供应到餐馆以及韦格曼斯食品超市。韦格曼斯与当地的种植者合作，研究有机种植，为门店及顾客提供最好的有机果蔬。韦格曼斯饲养的奶牛不使用任何抗生素，因此能够为顾客提供最健

康、最新鲜、最具口感的有机牛奶。

韦格曼斯始终将产品放在首位，因为他们坚信只有最好的产品才是吸引消费者的最基本条件，而优质的服务则是带领韦格曼斯成为令人喜爱与尊敬企业的关键因素。

二、提供优质服务，实现差异化竞争

每家韦格曼斯超市都有宽大漂亮的食品加工区，新鲜出炉的糕点花样繁多，500多种奶酪陈列精美。超市里还设有书店、儿童游戏中心、干洗店、音像制品出租店、照片冲印店、国际报刊亭、花店、葡萄酒店、药店，甚至还有一台850美元的意式浓缩咖啡机。“到那里不只是购物，而是出席一次活动，”咨询顾问克里斯托弗·郝耶（Christopher Hoyt）说。在咨询公司Cannondale Associates对生产商所做的一项调查中，韦格曼斯在推销能力方面击败了所有其他零售商，甚至包括沃尔玛（Wal - Mart）和Target。“没人能做得比韦格曼斯好”，《食品行业新闻》（Food Trade News）的出版人杰夫·梅茨格（Jeff Metzger）说。

而韦格曼斯会将员工培养成烹饪专家、美食大使，让员工从心底爱上食物、爱上工作。在韦格曼斯，员工不仅仅只是员工，他们还需要比顾客更懂得食物、懂得烹饪、懂得生活。在那儿，每位员工都是美食专家。

韦格曼斯超市共有77位蔬菜教练，他们向顾客们展示各种蔬菜的做法，使顾客们为能够吃到健康的食物而感到欣喜。

超市员工不会管顾客买什么，而是不厌其烦地讲解出售的肉类、鱼类等产品是从哪里来的，味道如何，怎么烹制：一位负责卖鱼的员工热情地谈论着在阿拉斯加的供应商是如何保证产品质量；负责卖肉类的员工说自己曾去蒙大纳的农场学习，这里卖的肉就是那儿生产的。

韦格曼斯之所以能够提供其他超市无法替代的购物享受，最大的原因是由于它是一个非比寻常的雇主。“你不能把它们的销售策略和用人策略割裂开来，”贝恩管理咨询公司（Bain & Co.）的全球零售业首席顾问达瑞尔·瑞戈碧（Darrell Rigby）分析说。韦格曼斯的计时工资和年薪都处于市场的高端（甚至连工会都无可挑剔）。最好的例子来自罗切斯特郊区的匹兹福特店。这家店是全公司收入最高的店面，每周的销售额可以达到200万美元，在这里工作的副厨师长查尔斯·萨卡迪（Charles Saccardi）以前曾在纳帕谷（Napa Valley）大名鼎鼎的French Laundry餐厅为托马斯·凯乐（Thomas Keller）打工。像这样的人，身价绝对不会便宜。

韦格曼斯通过培养与引进优秀员工，让员工为顾客提供优质服务，以实现差异化竞争，从而吸引大量的客流，牢牢抓住消费者。

三、坚持社会责任感，支持社区发展

除了商业上的贡献，韦格曼斯每一家门店都有相应的预算去支持社区的发展，而支持主要集中在以下五大方面：

第一，为贫困人群提供食物；

第二，加强邻里关系；

第三，帮助青年人获得成功；

第四，健康的饮食与活动；

第五，以支持美国联合慈善总会（the United Way）为有效方式，资助项目并产生影响力。

在过去20年中，韦格曼斯还为17，500多名全职和兼职员工支付了共计5，400万美元的大学奖学金。而超过4，000名员工每年拥有灵活奖学金，用于支持他们在全国各地接受学院与大学教育。

1987年，韦格曼斯成立“工作奖学金帮扶社团”（the Work-Scholarship Connection），以降低纽约城区学校罗切斯特的辍学率，并帮助“问题少年”，向他们传授找到一份工作所需要的技能。有超过2，300名初中和高中学生每年参加该项目。该项目也在纽约的锡拉丘兹市开展。

当被问及韦格曼斯成功的诀窍时，现已担任韦格曼斯副总裁的鲍罗斯基回答道：“我们把顾客带到一个从未去过的地方。”一旦到了那里，他们常常就不想离开。韦格曼斯对老顾客产生了强大的黏性。老顾客在短暂离开韦格曼斯时候，都是很不适应。61岁的长期顾客托妮·加特纳（Toni Gartner）第一次打算到佛罗里达去过冬，那里没有韦格曼斯。“我会试著去习惯大众超级市场（Publix）的，”她说，“我知道它更高级，但它不是韦格曼斯。”长期顾客对韦格曼斯有深厚的情谊，不是为了高级是为了贴心。

第六节　不一样的超市生意：高端精品超市

随着中国内需消费水平日趋升级，人们对品质生活的追求也越来越高，高端精品超市迅速发展。与倡导“物美价廉”的大型综合超市卖场相比，“高端精品超市”主要关注中产消费者的需求，符合超市零售业专业细分发展趋势。这是高端百货零售企业为摆脱低水平同质化竞争困局，采取联合业态布局，形成差异化竞争的重要竞争战略。

高端精品超市不断涌现，竞争程度也日趋白热化。除了实力雄厚的华润Ole'、BLT，华联BHG等，还有出身平凡的婕妮璐、绿叶子等，成为小型高端自营超市的典范。

高端精品超市前期的门店投入比普通超市的投入高20~30倍。由于占据最佳地理位置，高昂的租金难以避免，同时高端精品超市通常不能向供应商收取进场费、条码费以及其他各种费用，所以利润完全来源于产品的销售额。当前，高端精品超市售卖的产品全部是国外进口食品、有机水果蔬菜、国内新奇食品等。因此，**能否赢得大批忠诚的消费者群成为高端精品超市的经营关键，为消费者提供新奇、完美的消费体验成为拉拢消费者的撒手锏。**

那么，在竞争激烈的高端消费领域，高端精品超市应该如何抓住消费者的心，成为最终的赢家？

一、高端精品超市发展趋势与现状

高端精品超市从夹缝中成长至今也有10多年历史，特别是近5年，由于人民生活水平的日益增高，零售业发展速度极其迅猛，作为代表零售业新趋势的高端精品超市自然也迎来了快速增长。

（一）发展趋势

高端精品超市呈现以下发展趋势，如图2－6所示。

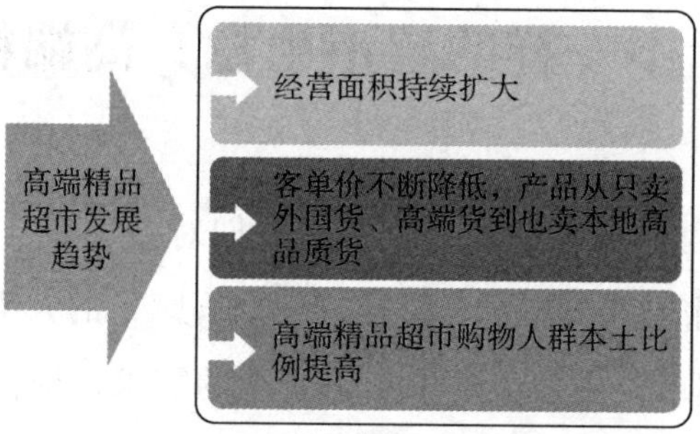

图2－6 高端精品超市发展趋势

趋势一：经营的面积越来越大

高端精品超市早期一直是以类便利店的形式出现，例如婕妮璐，面积大约100～200平方米。但2009年开始，婕妮路已开设了2000平方米以上的大规模精品超市，而华润Ole'、BHG这样家底雄厚的企业，开店面积更具规模，通常达到3000平方米。面积增加的最根本动力是因为客户的消费需求不断升级，需要的品类不断增加，需要更大的售卖空间来实现更好的消费体验。目前，常规的高端精品百货的品种已经达到几万种，货品几乎每天都在更新。

趋势二：客单价不断降低，产品从只卖外国货、高端货到也卖本地高品质货

从称呼来看，近几年人们已经越来越多地习惯称呼“高端精品超市”

而不是“高端超市”。加上“精品”两个字是因为大多数消费者越来越意识到高端精品超市选择的经营风格，已经不是简单地陈列高价格产品，而是越来越注重将自身打造成为高品质生活方式的“引导者”。

除了进口产品，超市中增加了越来越多品质上乘、价格适中的本地产品，比例已经从 30% 上升到 50% ~70%。由于高端精品超市不收进场费，为了追求高毛利，高端精品超市的采购对品类选择极其苛刻和谨慎，选择的本地产品不仅质量上乘，而且与进口产品相比，性价比高从而能实现更多销售。

趋势三：高端精品超市购物人群本土比例提高

随着近几年生活水平的飞速增长，特别是食品安全、生活品质等一系列和人们切身相关的升级需求日益增强，越来越多的富裕起来的百姓走进原来望价兴叹的高端精品超市。目前，高端精品超市的客流人群中，外国人的占比已经下降至 20%。特别是随着这些高端精品超市开店规模的不断壮大，原本适合开店的外国人聚集区越来越少，新开拓的区域势必将走向那些本地高档社区，也自然会吸引本地高消费人群不断来店购物消费。

这些逐渐清晰的行业发展趋势潜移默化地影响着整个高端精品超市的经营模式，而新的商业模式需要中国高端精品超市经营者从以前的“坐商模式”转变到当前的“营销模式”。高端精品超市最初就是为了满足外国人的生活需求应运而生的，那时候最核心的能力就是外国商品齐全。但是现在，是随着本土高消费人群的购买力增强，对更多的产品、更好的服务的旺盛需求成为主流。可以说，**虽然高端精品超市卖的东西比早期的高端超市便宜了，但是所要求的服务质量和标准却在大幅提升，特别是针对一些新奇消费品，经营者更应该加强店面营销的体验营销成分，让消费者更真切地感知商品价值。**

（二）体验现状

然而，中国目前的高端零售超市业的体验营销整体水平较粗放，存在着以下问题。

现状一：体验营销活动少

在近期的一个周末，我曾经在北京最适宜经营高端精品超市的国贸商圈进行调研，在所调研的 8 家高端精品超市中，只有一家的某个品类正在进行体验营销活动，大部分的高端精品超市都没有开展任何营销活动。究其原因，一方面由于大量高端精品超市的面积都比较偏小，在空间有限的情况下，传统的体验营销没有用武之地；另一方面是由于高端超市的经营者长期处于客流量相对较少的环境中，没有太多体验营销的经验。

现状二：整体服务人员素质有待提高，体验营销实施基础薄弱

高端超市天然带有贵族气质，导致很多不熟悉的消费者望而生畏，此时若没有优秀的导购员有效、热情地引导和介绍，便会导致消费者在简单地闲逛之后就悄然离开。笔者在调研中曾经主动咨询导购员，得到的回答却有些冷冰冰，营业员眼神中甚至流露出不耐烦的情绪，仿佛其身份也和这些高端商品一样高贵。

这可能一方面是由于高端精品超市的商品都没有供应商来维护店面，不像一些常规的大卖场是需要品牌公司自己雇用促销员进行热情的讲解来增加销量；另一方面是因为高端精品超市很多都是由传统超市转型来的，原有的经营模式和经营理念没有随着产品和店面陈设的升级而升级，特别是员工的相关培训没有有效的提升。这些都导致了高端精品超市体验营销的实施基础薄弱。

现状三：缺乏有效的消费者调研，体验营销只停留在产品推销层面，并未认知消费者的真实需求

目前的高端精品超市内的体验营销，与其说是营销还不如说是对商品的简单重复推介，更不用提促销时有无考虑到消费者内心最需要什么，最想了解什么。即使是行业前列的高端精品超市连锁公司，其店面的营销策划系统也还是停留在各自为战、单打独斗的阶段，并没有形成有效的规模宣传效应。

现实永远都是残酷的，随着高端精品超市的发展趋势日益明显，从业者需要放下高傲的身段，俯身去感受真实的本土消费者需求，设计出喜闻乐见、寓教于乐的体验营销活动，才能在未来的市场变革中处于主动地位。

笔者近期曾经深入到高端超市最发达的北京、上海等大型城市，也欣喜地发现在一些竞争较为激烈的商圈，一些高端精品超市已经逐渐掌握了一些体验营销的方法，这些方法很值得同业借鉴。

二、高端精品超市的几种有效体验模式

体验营销的精髓是在互动中有效地传递有价值的信息，从这个意义上来说，体验营销对于高端精品超市的重要性就更加凸显了。因为超市中陈列的商品对于大部分消费者来说都很陌生，需要在互动中让其了解到真正的价值所在。相比较大卖场而言，高端超市由于地段、规模、商品品类等与其有较大差异，体验营销活动更需要用心策划和实施，以下几种模式是笔者在多次调研中发现的促销效果不错的方法，值得参考。如图 2－7 所示。

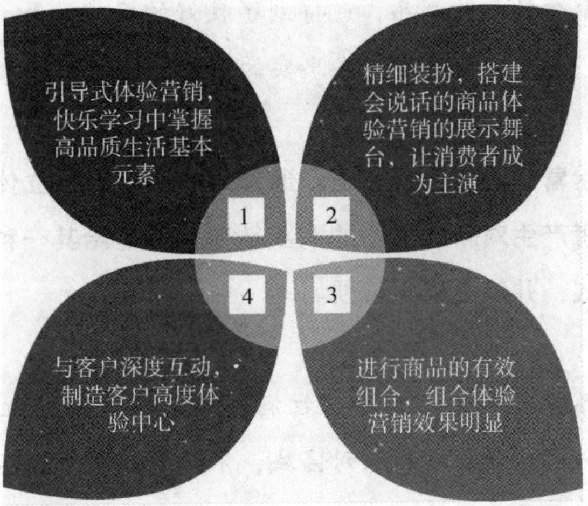

图 2－7　高端精品超市的有效体验模式

模式一：引导式体验营销，快乐学习中掌握高品质生活基本元素

由于高端精品超市的很多商品在普通卖场看到的机会不多，为了让消

费者能够尽快地了解到商品的价值，进而产生对商品的好奇、关注与购买意愿，并完成购买行为，需要商家利用生动有趣的体验营销活动进行有效的产品信息引导，传递出高品质的生活信息，使其感受到美好生活的享受就在眼前。

一家全国知名的高端精品超市曾经在一段时期隆重推出“让奶酪走进生活”的大型活动，使用的引导式体验营销方式非常值得借鉴：在简洁明亮的展台上整齐摆着165种不同的奶酪，刚一摆上就已经吸引了现场消费者的眼球。奶酪对于大部分中国人都是很陌生的，所有人都会问：这些奶酪怎么用，配合什么样的菜色，应该有何讲究。而这些答案都会在接下来的一周里揭晓：这家超市的经营者别出心裁地请来外国美食专家，每天重点现场推荐展示一款奶酪的使用方法：例如，醇厚微甜的乳脂奶酪适合搭配饼吃；蒙特里杰克奶酪单吃就很可口；口感浓郁的切达奶酪则除了做烘焙料理外，也非常适合搭配新鲜葡萄酒，其味道醇正可口……这项活动的推行结果是，不仅让奶酪原来零星的销售有了突飞猛进的提升，而且使搭配着奶酪一起配食的相关产品，也得到了良好的促销效果。奶酪甚至成了这家店面的热门品类，培育了很多忠实的消费者。

引导式体验营销的核心就在于：通过对商品全方位立体化的展示与讲解来吸引消费者产生对新鲜事物的购买欲望，传递给其一种更精致、更有内涵的生活方式，并使之成为习惯。

某高端精品超市曾经举办过“红酒人生”为主题的红酒常识普及活动。现场设有一个精致的红酒陈列区域，不同的红酒根据不同的要求存放在不同的温度隔层里，保持酒的品质纯正。每个隔层旁都有细致的介绍标示。展台的桌面上摆放着各种精致美观的酒瓶架、开酒器、杯子、杯架，壁挂的LED大屏滚动播放着红酒的各种常识，旁边还有店家精心准备的红酒读本。身着酒红色制服的服务人员会耐心地给参加活动的消费者介绍红酒的口味、年份、产地及品鉴方法。给我印象较深的体验活动是“醒酒的重要性”——几位被蒙住眼睛的客户分别品尝两杯葡萄酒，能品出醒过酒的参与者将会获赠红酒一瓶。

例如这样的引导式体验营销还可以在更多的商品品类进行演示，比如各种级别牛扒的做法，阳台种植的有机蔬菜，等等。高端精品超市通过引导式体验营销，送出的不仅仅是一份高端的享受，也是一种惬意的生活方式。

模式二：精细装扮，搭建会说话的商品体验营销的展示舞台，让消费者成为主演

商品有效陈列一直是零售企业最重要的核心销售技能，高端精品超市更是如此。如何通过有效的陈列将商品的价值充分展示面前，让消费者身临其境地慢慢沉浸在商品所传达的文化内涵中，令其体验到感性认知与自我需求的碰撞冲动，最终达成一次完美的体验营销消费过程，这些都是经营者们必须去思考的问题。

上海某高端精品超市中的清酒专柜给笔者留下很深刻的印象：日本清酒放置在超市中一个嵌入墙体的透明低温酒窖内，以保持清酒的口味及质地不变，酒窖门口还特地挂着日本特色的布幡，给人有一种恍如来到了日本酒馆的现场感。酒窖门口旁的货架上陈列着各个品种清酒的空瓶供挑选使用，旁边附有该酒的详细介绍。介绍内容中不仅有名称、产地等基本信息，还会介绍该酒名字的来历、历史渊源，乃至酒窖主人的性格，读着这些信息会自然地感受到文化的厚重感。当你走近货架的时候，会有一位梳着发髻、身着深色日本和服的导购员热情地踏着小碎步迎上来，为你耐心的介绍清酒的特色、相关知识，答疑解惑。当你在货架上挑选好空瓶后，导购员会彬彬有礼的引导你进入布幡后面那个透明酒窖里去拿新鲜保存的实物，整个过程简单却又新奇，临走时还有可爱的招财猫向你告别。店家精心布置的清酒专卖角，已经使清酒成为这家精品超市的最畅销的品类。

零售：
把客流变成购买力

这种体验营销的方式就是通过细致生动的形式搭建商品展示的舞台，目的是让消费者仿佛置身在商品独具特色的现场环境中，感受到不同国家、不同地区的文化，进而激活消费者购买的兴趣。在这一系列的营造中，真正的舞台主演是消费者自己。

武汉的某领军零售企业旗下的高端精品超市就曾经以“生活剧场”来命名，更能凸显对这种舞台展示型的体验营销的钟爱。

武汉某领军企业推出“生活剧场”的个性超市，在新世界中心店接受多家媒体记者参观。该卖场内的各个“生活剧场”墙壁上，悬挂着一个个外来品牌的介绍与历史传奇，悄声叙述异域文化。室内灯光，类似剧院，格外柔和，配上轻柔的背景音乐，消费品与人之间形成了完美共鸣。“生活剧场”电子商务部还提供个性化服务：留存消费者档案，提供点对点商品信息，接受消费者点采。该经营者一句话最好地诠释了这种体验营销的精髓：消费者是“剧场”主演，我们当好服务的配角和舞台设计。

模式三：与客户深度互动，制造客户深度体验中心

只有让客户深度参与，才能让其感受到物品真实的价值，如何策划出喜闻乐见的体验营销活动，让客户愿意光顾，愿意把这里当成一个充满幸福快乐和品质情调的目的地，需要商家精心准备应情应景的体验策划活动。

万圣节当天北京某大型社区底商的高端精品超市，举行了一场很有意义的互动式体验营销，值得借鉴。活动前一周，宣传海报就已经通过张贴广为宣传。活动当天，我眼见之处几乎都是一家三口全家总动员。刚进入卖场就听见一群小孩围着两个身着海盗服装的店面服务员（每个服务人员身上还挂着一个南瓜灯），服务员一边做搞怪表演一边给小朋友万圣节礼物——某洋品牌的糖果。当天还有两个竞技比赛，一个是很有新意的南瓜灯制作活动，配合销售的是几款别致的小蜡烛和德国刀具；另一个是正值万圣节时令的水果——柚子的剥皮比赛。现场比赛十分激烈，胜者奖励3个新鲜的柚子，而所有参与者都可以把自己剥的柚子带走，最终营造了消费者全家快乐的现场气氛。我清楚地看到很多人在品尝完柚子后都自行购买了几个。最后在收银口，商家还有意地设计了推荐购物储值卡的小牌子，当天有几对夫妇看着孩子玩得开心，便买了千元储值的购物卡。这样的互动体验营销既深度挖掘了西方节日的快乐精髓，也有效地通过体验营销实现了重点商品促销。

策划活动不仅仅要充满娱乐性，有些精明的商家更将这样互动的体验营销活动变成一场对安全食品，品质生活亲身经历和体验的考察之旅。

同样是上海的一家知名高端精品超市，在近期举办了富有特色的草莓节，将分批报名的消费者统一带到其位于上海郊区的一望无际的种植园。消费者亲身体验采摘草莓乐趣的同时，精准地传递给消费者这家精品超市所有的瓜果蔬菜都是天然有机的绿色健康食品的概念。

互动体验式营销的关键是通过有效的策划活动搭建商家与消费者舒缓沟通的平台，传递出所营销的产品的真正价值。笔者认为这种深层次的互动体验营销方式对高端精品超市的多种商品都有着深远的借鉴意义，例如，带着消费者走向清澈的蓝天，亲眼看见自己每天购买的新鲜蔬菜；走进整洁精致的三文鱼加工车间去看产品的生产过程等，虽然品质商品价格高，但是所有人都会觉得物有所值。

模式四：进行商品的有效组合，组合体验营销效果明显

每个商品都有自己独特的属性，如果高端精品超市能够有效地实现组合体验营销，选准一个鲜明的主题将各个不同的品类进行有效的组合，会产生事半功倍的效果。

北京国贸附近有个以“乐活人生”为主题的高端精品超市，面积100

平方米左右的空间里，单品数量虽然不多，但经过精心的选择和有效的商品体验组合，将“有机健康生活”的主题非常鲜明地突显出来。

这家超市的经营者会别出心裁地依据不同的主题进行组合营销。比如，其近期举行的“春季养生节”活动，通过在店铺前厅木质货架上摆放着琳琅满目的适合春季养生的商品，如各种有机谷类、杂粮、进口酵素等产品（其中有20%左右商品是他们自有农场出产的）。商品下面皆配有其保健价值、食用方法的介绍说明书。如果有兴趣，店员还会提供更详尽的介绍。同时店里还搭配出售加工这些养生食材所用的研磨机、能实现水质净化的净水器、方便熬制养生粥类的智能电饭煲以及能让家中充满“春天气息”的空气净化器等产品。可以说是“由内到外”一站式地为消费者提供健康生活，充分地通过组合体验营销带动多品类产品的销售。

笔者还了解到，有些高端精品超市还推出某个国家的系列推广节，除了将该国各种商品进行有效的营销体验组合外，甚至还推介该国的旅游项目，这样通过全方位立体式的组合体验营销，进一步地强化了商品的整体形象。更难得可贵的是，这种体验营销模式突破了店面的规模空间，产生出可观的店面营业外收入，这不能不说是组合体验营销综合魅力的完美体现。

高端精品超市由于其产品的高端品质特性，笔者认为其与百货业经营中的很多特点颇为相似。比如，对店面进行精致的美化，对服务员进行有效的培训以及进行高频次的精确体验营销活动策划。特别是近几年网络购物的异军突起带动了零售业的激烈竞争，也导致很多网商不断增加网上销售高品质商品的品类，不免对传统的高端精品超市的市场份额形成压力。而真正能带领高端精品超市完成升级使命的，唯有通过增加多元化的体验营销模式，加强消费者与店面的黏性程度，不断提高重复购买率，这样才能使高端精品超市在适应大趋势的外界环境下，快速发展壮大。

第七节　超市业态行业概况

一、超市业态简介

（一）超市业态定义

超市是实行自助服务和集中式一次性付款的销售方式，以销售包装食品、生鲜食品和日常生活用品为主，满足消费者日常生活必需品需求的零售业态，普遍实行连锁经营方式。

超级市场按照组织形式的不同，可以分为独立超级市场和连锁超级市场。

独立超级市场：即一个超级市场店就是一个独立的企业法人，在市场经济下，该超级市场企业实行自主经营，自负盈亏。

连锁超级市场：将许多单个的超级市场结合起来，形成一种大规模的销售体制，实行统一进货、统一配送、统一经营管理，以发展规模化的经营优势。

按照经营特征不同，分为传统超级市场和新型超级市场。

传统超级市场：主要经营食品和日用杂品，并且常常以经营某一类食品为主，本质上属于专业型的零售商店；传统超级市场在售货方式上实行“无人售货、自助服务、现款自运”，对于降低经营成本、方便消费者选购有明显的作用。

新型超级市场：是社会经济进一步发展的产物，它是传统超级市场的改进。新型超级市场主要满足消费者在日常购买的食品和非食品类商品方面的全部需要，经营商品的品种达10000种以上。

（二）超市业态的分类

根据国家2004年公布的《零售业态分类》，依据选址、商圈与目标消费者、规模等因素的不同，将超级市场细分为便利超市、社区超市、综合超市、大卖场，它们的基本特点，如表2-7所示。

表2-7　超级市场业态的分类及基本特点

业态	选址	基本特点					
		商圈与目标消费者	规模	商品（经营）结构	商品售卖方式	服务功能	管理信息系统
便利超市	商业中心区、交通要道以及车站、医院、学校、娱乐场所、办公楼、加油站等公共活动区	商圈范围小，消费者步行5min内到达，目标消费者主要为单身者、年轻人。消费者多为有目的的购买	500平方米以下，利用率高	即时食品、日用小百货为主，有即时消费性、小容量、应急性等特点，商品品种在3000种左右，售价高于市场平均水平	以开架自选为主，结算在收银处统一进行	营业时间16小时以上，提供即时性食品的辅助设施，开设多项服务项目	程度较高
社区超市	居民区、交通要道等租金相对便宜的地区	辐射半径2公里左右，目标消费者主要为商圈内居民	500－20000平方米	以经营食品（包括生鲜和包装食品为主）	自选销售，出入口分设，在收银台统一结算	营业时间12小时以上	一般
综合超市	市、区商业中心、居住区	辐射半径2公里左右，目标消费者以居民为主	2000－6000平方米	经营日常生活必需品	自选销售，出入口分设，在收银台统一结算	营业时间12小时以上	程度较高
大卖场	市、区商业中心、城郊结合部、交通要道及大型居住区	辐射半径2公里以上，目标消费者以居民、流动消费者为主	经营面积一般6000平方米以上	大众化衣、食、日用品齐全，一次性购齐，注重自有品牌开发	自选销售，出入口分设，在收银台统一结算	设不低于经营面积40%的停车场	程度较高

（三）超级市场的特征

从各国对超市市场所做的定义来看，标准超级市场应满足以下特征：

1. 出售的商品主要是食品和日用杂品，尤其以销售家用食品为主，基本上满足食品购买者一次购齐的要求。

2. 采取开架自选、自我服务、一次结算的售货方式。

3. 品种繁多，廉价销售，商品周转速度快。

4. 经营规模大，低成本，低毛利，高销售量。

5. 除出售商品外，还提供娱乐、休息场所等多种服务。

6. 经营的非食品品种有扩大趋势。

7. 店址主要设在居民住宅区或郊区。

8. 现代化设备及管理。

二、超市业态发展历史

（一）世界发展历史

超市行业的世界发展史，如图2－8所示：

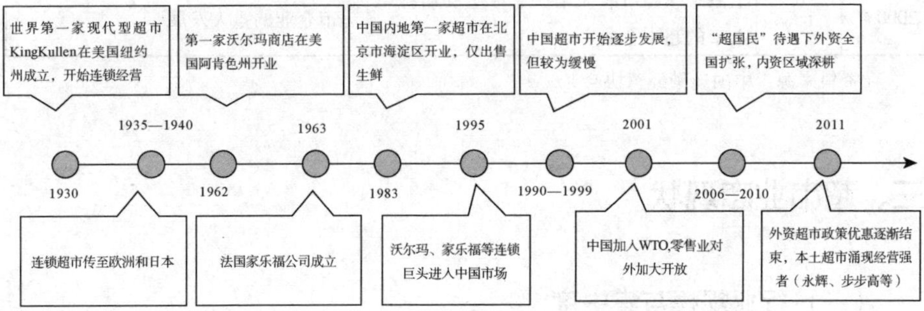

图2－8 超市世界历史发展过程

（资料来源：网络，和君咨询整理）

（二）中国超市发展历史

中国超级市场30多年的发展大致经历了3个阶段：

起步阶段（1980－1990）：引入超市业态雏形，但发展遭遇停滞；

加速发展阶段（1990－2001）：本土、外资超市相继起步，超市行业进入加速发展期；

成熟阶段（2002年至今）：外资大规模抢占中国零售市场，内资本土企业群雄割据，超市行业竞争白热化。

如表2－8所示。

表2－8　超市在我国发展的初期

时间	地点	事件	意义
1990年	东莞	美佳超级市场开业	超级市场的正式诞生
1991年	广州	商务部召开“开架销售与市场营销经验交流会”	标志超市开始在我国规范化发展
1991年	深圳	中国大陆第一家合资超市公司——华润万家产生	标志合资超市的开端
1992年	深圳	华润万家第一家——爱华店开业	国内第一家中外合资的连锁超市
1995年	北京	第一家外资超市——家乐福开业	标志大型综合超市业态在我国开始发展
1996年	上海	上海华联超市公司、上海联华商业公司门店突破100家	内资超市的重大突破
1998年	上海	上海华联、联华推出“买断经营”	连锁企业采购方式重大变革
2000年	上海	上海华联超市成为第一家在上交所挂牌上市的超市企业	超市企业的重大发展

（资料来源：中国连锁经营协会）

三、超市业态现状

（一）行业规模与集中度

目前超市渠道在我国日常用品（包括生鲜、包装食品、快速消费品、日常杂货）销售中的占比已由2006年的51.4%提升至2012年的63.4%；超市行业销售额2011年达到2.2万亿元，过去5年的复合增长率为13.5%。

从集中度上来看，中国超市行业整体集中度较低，虽近年来有所提升，但CR10仍在17.2%的较低水平，与日韩、欧美等发达国家的CR10的占比60%相比，相差甚远。如图2－9所示。

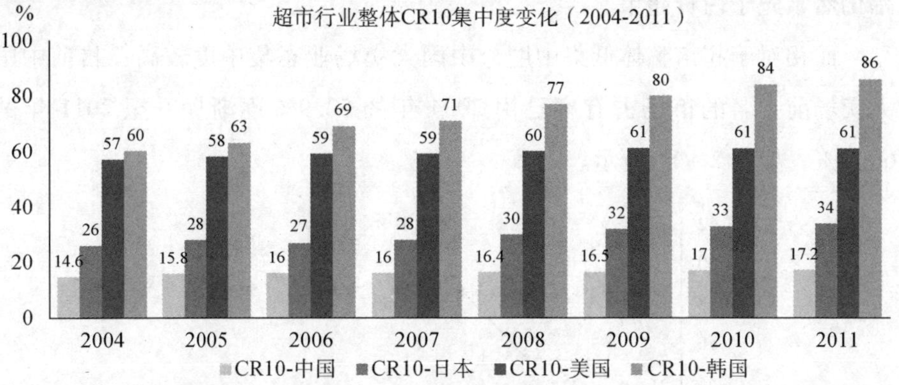

图2－9　中国超市行业集中度及与其他国家的比较

（数据来源：Euromonitor，中信证券，和君咨询整理）

2000年以来，连锁百强中超市类企业的数量呈下降趋势，从2000年的70家下降至2009年的45家，而超市企业的店铺数量却有显著提升。一方面，门店增加迅速；另一方面，销售占比却在下降。说明超市行业的发展已经被其他行业如百货、家电连锁等超越，成长速度整体放缓。如图2－10所示。

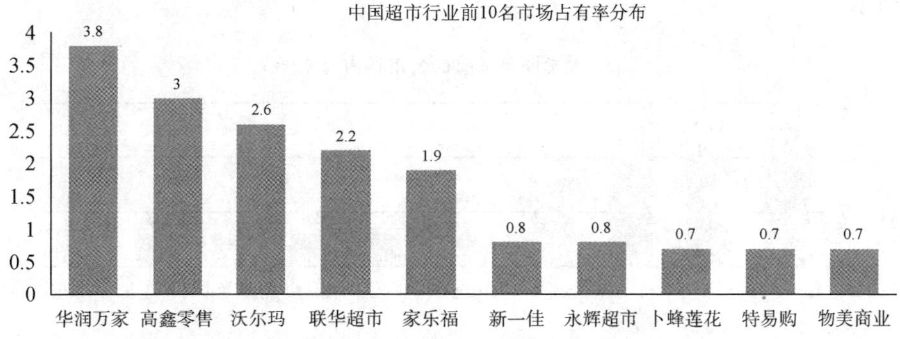

图2－10　中国超市行业前10名市场占有率情况（%）

（数据来源：Euromonitor，中信证券，和君咨询整理）

连锁百强中，外资超市企业数量占比在逐年上升。销售额占超市企业的比重由 2000 年的 16.56% 上升至 2009 年的 40.87%，持续平稳上升。虽然外资超市销售额增速同样有所下降，但由于占比在上升，所以销售额增幅仍然领先于内资超市。

而相对于超市整体低集中度，中国大卖场业态集中度较高，目前中国大卖场前十名的市场占有率已由 2004 年的 52.9% 逐渐提升至 2011 年的 60.4%。如图 2－11 所示。

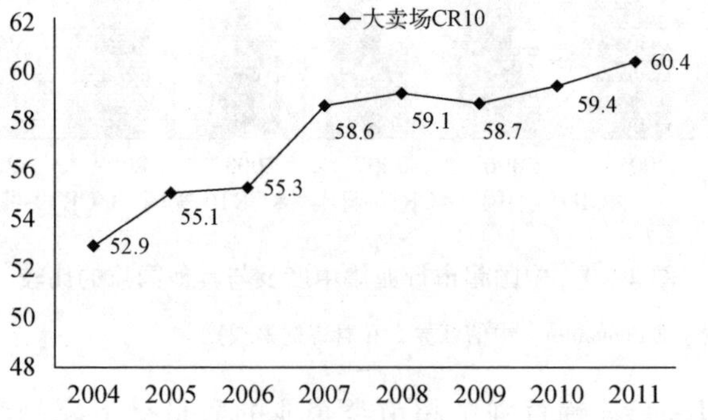

图 2－11　中国大卖场集中度的变化

（数据来源：Euromonitor，中信证券，和君咨询整理）

大卖场业态外资超市优势明显，高鑫零售、沃尔玛、家乐福占据前四名中的三席，六家较大的外资超市在大卖场业态占比重已达 40.4%。如图 2－12 所示。

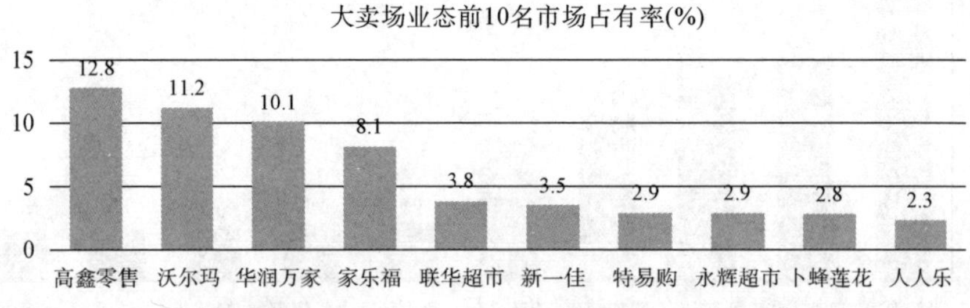

图 2－12　中国大卖场前 10 名市场占有率（%）

（数据来源：Euromonitor，中信证券，和君咨询整理）

（二）发展阶段

超市业态的导入取决于经济发展的水平。每种超市新业态的出现都相对于市场经济与技术水平发展的一定阶段。从国际经验看，一国国民人均 GDP 达到 500～1000 美元的水平时，超市业态就开始导入。同时，由于世界上不同国家以及同一国家不同地区在经济上的巨大差异，使某种超市业态的出现，在不同国家或地区会有几年、十几年、甚至几十年的时间差。

中国的人均 GDP2003 年超过了 1000 美元，2008 年超过 3000 美元，2011 年突破 5000 美元，正处于便利超市和大卖场高速发展期。而标准超市已经处于成熟和衰退阶段。如图 2－13 所示。

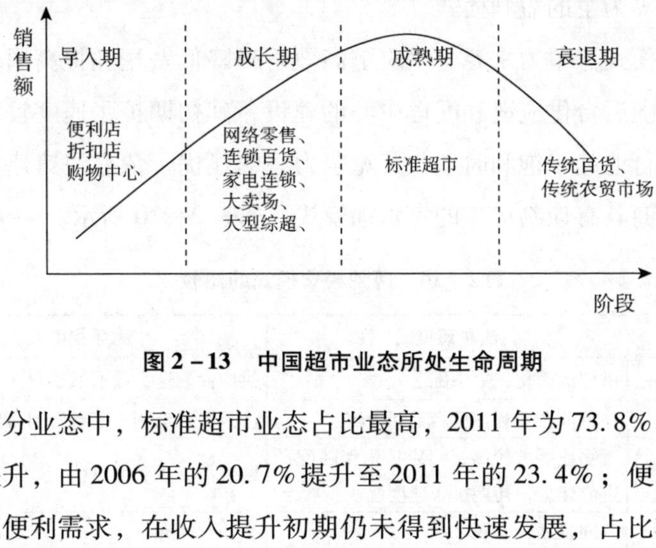

图 2－13　中国超市业态所处生命周期

在细分业态中，标准超市业态占比最高，2011 年为 73.8%；大卖场占比逐渐提升，由 2006 年的 20.7% 提升至 2011 年的 23.4%；便利超市主要针对居民便利需求，在收入提升初期仍未得到快速发展，占比较小，约为 2% 左右。如表 2－9 所示。

表 2－9　我国超市渠道细分业态占比

超市渠道细分业态	2006	2007	2008	2009	2010	2011
标准超市（500－6000 平方米）	76.9%	77%	76%	75.1%	74.4%	73.8%
大卖场（6000 平方米以上）	20.7%	20.6%	21.6%	22.4%	22.9%	23.4%
便利超市（500 平方米以下）	2.1%	2.0%	2.0%	1.9%	1.9%	2.0%
其他	0.3%	0.3%	0.4%	0.6%	0.8%	0.8%

（数据来源：中信证券研究所，和君咨询整理）

（三）经营模式

与其他流通领域企业一样，超市的盈利主要来自流通环节，商品的价差是最基本的利润来源。但是，作为竞争激烈的行业，商品的价差不足以弥补行业的经营成本和费用。在盈利的约束下，企业往往向供应商收取返利或者整合供应链，提升盈利能力。由此就衍生出两种盈利模式：**通道收入模式和价值链盈利模式。**

我国超市行业的经营模式主要分为两种：**沃尔玛式**，即供应链上下游和谐共赢，通过简化采购环节、建立物流体系和信息系统，以进销差价作为主要经营模式；**家乐福式**，即以上游供应商配送为主，收取各种进场费、促销费等为主的盈利模式。

沃尔玛模式竞争力来源于供应链高效管理降低费用和提高周转，由于门店扩张伴随后台供应链和配送中心的建设，其初期扩张速度较家乐福模式慢，但在行业趋于饱和时期，其竞争力将明显优于依靠快速建立门店网络而对供应商具有谈判优势的家乐福模式。如表 2 – 10 所示。

表 2 – 10　两种经营模式的比较

比较因素	沃尔玛模式	家乐福模式
特点	供应链简化，集中配送	供应商配送，收取通道费
表现	注重前台毛利，后台毛利为辅	注重后台毛利，前台毛利为辅
扩张速度	对物业要求较高，门店扩张伴随配送中心建设，初期扩张速度慢	轻资产，扩张速度快
与供应商关系	共同发展，双赢	合作与博弈
核心竞争力	高效的供应链管理水平，降低费用和提高周转	快速扩张占有优势物业，形成区域密集门店网络，对供应商形成谈判力
盈利期	初始投资大，培育期长	初始投资风险低，培育期短
优势阶段	行业趋于饱和时	行业起步阶段
处于优势地位的竞争者	供应链高效管理的企业，外资企业有管理优势	区域密集的零售商，当地内资企业有资源和先发优势

我国超市企业中，高鑫零售、永辉超市是主要依靠前台毛利，简化供应链提高管理水平的企业；物美、华联综超是主要依靠后台毛利盈利的企业。

【第3章】

便利店：摆脱“类便利”，“内资”待增强

【观点摘要】

便利店具有距离的便利性、购物的便利性、时间的便利性与服务的便利性四个特点。

在中国，便利店整体处于成长期，高速发展，规模较小；

区域市场发展不平衡，东部市场竞争激烈，中西部市场刚刚起步；

外资便利店公司综合竞争力普遍强于内资企业。以中国台湾地区为例进行区域市场案例分享，同时分别以国际品牌 7 - Eleven 和国内品牌美宜佳为案例，为中国便利店提供参考。

第一节　便利店业态面临的主要问题与发展趋势

便利店是一种小型化、连锁化的，以满足消费者便利性消费需求为第一宗旨的零售业态。便利店的主要特征如下。

（1）营业面积通常在200平方米以下，约为3000人服务。

（2）食品占销售品项比重50%以上，但任何单一品类不超过50%。

（3）长时间营业，通常为24小时营业，全年无休。

（4）自助式开架售货，无仓储库房，保鲜产品保持每日各一次常温及冷链配送。

根据国际经验，当一个地区人均GDP达到3000美元时，便利商店开始出现，达到6000美元时，便利店开始进入高速发展阶段。

一、问题与挑战

（一）业态特征不明显，与传统中小超市有冲突

便利店是超市发展到相对成熟阶段后，从超市中分化出来的一种零售业态。但便利店具有区别于超市的四个“便利”业态特征：距离的便利性、购物的便利性、时间的便利性与服务的便利性。便利店在出售商品的同时，还向消费者提供多项便利服务。可见，便利店的价值在于向消费者提供“便利”，其“便利”特征使之成为继超市之后发展最迅速，也最有竞争力的零售业态之一。

但是目前，我国的便利店在与其他业态的竞争中，“便利”特征并没有很好地体现出来。便利店在竞争中优势不明显，服务功能不健全。

（二）连锁化、组织化程度低，没有形成规模优势

从经营模式看，我国便利店主要以直营店为主，加盟店所占比重很小。从上海便利店的发展状况来看，大多数公司没有发展加盟店，一小部分公司发展了加盟店，但比重都没有超过35%。便利店企业仅通过直营店方式扩张，想达到快速发展的目的很难，其投资回报一般需要2~3年、甚至更长的时间，短期内盈利几乎不可能。而国外的零售集团在连锁形式上主要采取特许加盟方式，并建立联合配送中心，经营上统一采购、集中送货，以降低销售成本。

日本的7-Eleven正是通过特许经营的方式迅速扩张，成为零售业领域利用特许经营成功的典范。目前，在世界上400个国家和地区，分布着100万家7-Eleven店铺，其中，大多数店铺是特许经营的加盟店。仅在日本本土，7-Eleven已超过10000家，其中，97%的便利店是特许经营的加盟店。

（三）信息技术落后，物流系统不完善

目前，我国大多数便利店还处于粗放化管理阶段。一方面，有些小型便利店还采用柜台式售货方式，没有自动收款机或POS等信息管理系统；另一方面，一些稍微具有现代规模的便利店虽然也采用敞开式售货方式，采用电子收款机收款，但缺乏现代化的物流配送系统。

这些缺陷，不仅成为便利店以后扩张和连锁经营的障碍，而且不利于商家根据消费者购买信息补充货源、更换经营的商品种类和品牌，结果出现缺货或大量不畅销商品积压在仓库的情况，提高了经营成本和财务风险。同时，我国大多数便利店没有建立起相应的消费者跟踪系统，不利于收集信息、维系消费者关系、培养消费者的忠诚度。而国外便利店具有网络优势、信息技术优势和物流配送优势，现已成为其发展"B to C"电子

商务网站的重要竞争资源。

日本的 7 – Eleven 除了采用香烟机、咖啡机、ATM 等先进的技术装备提高店内交易自动化水平外，还采用先进的零售信息系统，跟踪供应链上的消费者和供应商并反馈信息，以减少进货的不准确性、降低库存、加快资金周转速度、提高管理效率。

二、便利店业态发展趋势

（一）发展前景广阔

中国人口众多，消费需求巨大，为便利店带来发展机遇。从国外发达国家便利店行业的发展经验看，从影响便利店业态发展的主要因素（如图 3 – 1 所示）之人口基数来看，每 2500 ~ 4000 人的居住规模就可以支持一家便利店。从这个比例可以看出，中国市场发展前景广阔。

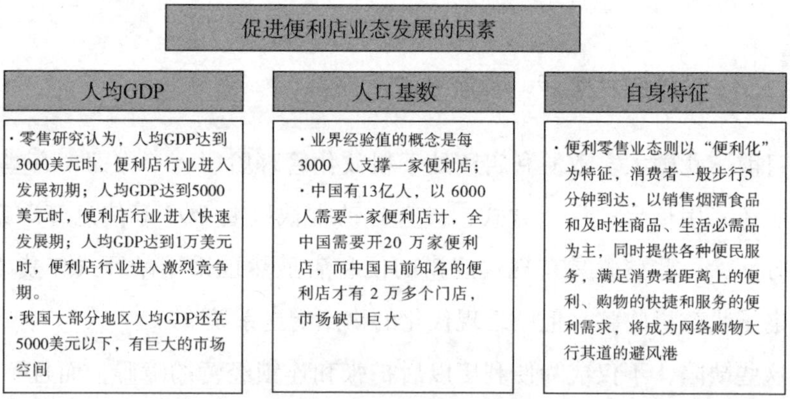

图 3 – 1　促进便利店发展的因素

（二）日益形成区域集中的行业格局

我国幅员辽阔，人口总体平均密度约为 140 人/平方千米，远低于日本等人口密度高的地区，但我国人口分布具有区域集中的特征，与美国类似。我国各区域经济中心人口分布密集，部分区域经济中心的人口密度已接近或超过日本、韩国。我国人口集中地区经济发展程度相对较高，特别是沿海经济发达地区，人均GDP和收入已可逐渐支撑较高的消费水平，便利店业态能够更早地被这些地区消费者接受。

近年来，随着内陆地区经济的快速发展，同时，伴随部分从事便利零售业态的沿海劳动力的回流，内陆地区便利店业态迎来发展高潮。包括成都等在内的部分内陆市场，广泛引入便利店业态，已同上海、东莞、南京等沿海城市一起成为国内其他地区的榜样，日益形成便利店业态区域集中的行业格局。

第二节　榜样的力量——中国台湾地区的便利店

20世纪90年代，大量外资便利店品牌和国内商业零售资本相继关注中国大陆市场。由于区域经济和人均收入水平的差异，目前，中国大陆地区的便利店主要集中在上海、杭州、南京、广州、深圳、成都、重庆等城市，而且这些便利店总体处于探索阶段。受社会公共服务体系条块分割、物流配送水平低下等因素的影响，便利店的附加服务和品类管理水平较低，整体盈利状况并不乐观。

中国大陆市场存在一个特殊现象，很多二三线城市出现“类便利店”，即一种连锁化的微小型超市，尽管在外观上和便利店很像，但尚不具备便利店的配送能力及品类特点。不过这些便利店是超市业态的有效补充，满足了当地消费者对便利的需求。

总之，中国大陆的便利店还要走很长的发展探索之路，而作为先行者的中国台湾地区的便利店业态积累的发展经验，无疑对中国大陆的便利店发展有重要的借鉴意义，值得我们深入研究。

一、中国台湾地区的便利店的发展历程

中国台湾地区的便利店的发展历程，如图 3－2 所示。

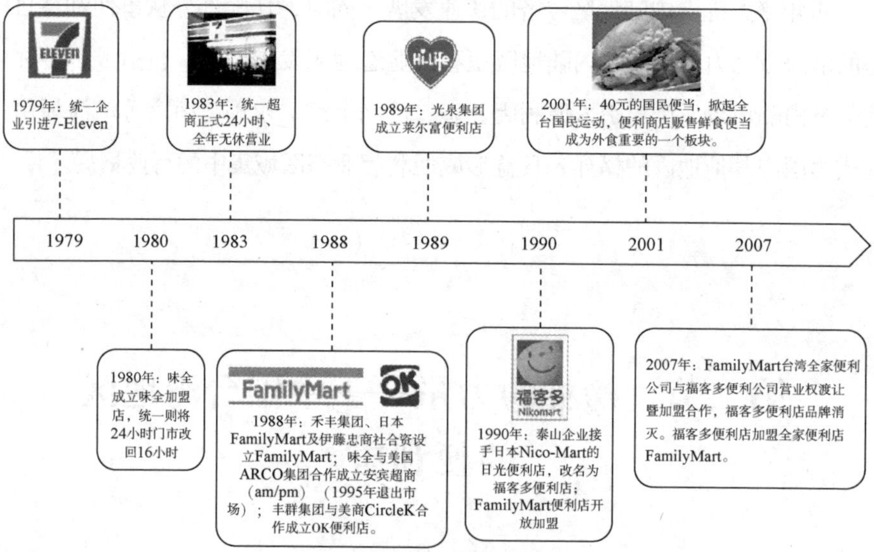

图 3－2　中国台湾地区的便利店的发展历程

便利店最早起源于美国，却在亚洲真正发展成熟，成为现代零售业中不可小觑的力量，其中，中国台湾地区的便利店最有代表性。中国台湾地区的便利店以密度大、服务好、竞争激烈、管理水平先进而驰名中外，成为便利店业态发展的榜样。

在中国台湾地区，虽然历史上出现过一些便利店雏形，但是大多数人认为中国台湾地区真正意义上的、最早的便利店，是统一企业于 1979 年引进的 7－Eleven。而其他几家驰名中国台湾地区的便利店品牌全家、OK、莱尔富等也都在 20 世纪 80 年代陆续成立便利店。

早期，中国台湾地区的便利店经营并不顺利。比如，中国台湾地区的 7－Eleven 经历过连续 6 年的亏损窘境，甚至因严重亏损被并入统一企业。

究其原因有两点：一是当时中国台湾地区的经济水平还未达到支撑便利店业态生存与发展的水平。在1978年，中国台湾地区的人均GDP仅为2155美元，消费者此时对便利性服务的需求还没有超过其对商品价格的敏感度；二是目标消费群体定位错误，把目标消费者锁定为家庭主妇，便利店如同杂货店，什么都卖，但价格又比杂货店和传统市场高。

后来，中国台湾地区的便利店从业者开始转变经营策略，将目标客户重新定位为有便利需求的流动上班族和青少年群体，并改变门店形象，逐步转亏为盈。1988年，中国台湾地区的人均GDP已接近6000美元，便利店迎来发展机遇。

20世纪90年代末，中国台湾地区的便利店借鉴日本便利商店的发展经验进行变革，开始广泛涉足非商品的便民服务领域。1998年，7－Eleven与“中华电信”共同推出电话费代收业务，中国台湾地区的便利店首次跨入费用代收领域。当时，为了避免人工失误，提高处理速度，设计出三段式条码系统，从此成为中国台湾地区的便利店代收业务的共同标准。目前，此项业务发展迅速，已经从电话费代收业务扩大到燃气费、停车费、水费、电费、保险费等多达上百种费用代收业务。

中国台湾地区的便利店主要由统一超商的7－Eleven、全家FamilyMart（简称全家）、莱尔富及OK四家把持，店面数量达到1万家左右，如图3－3所示。

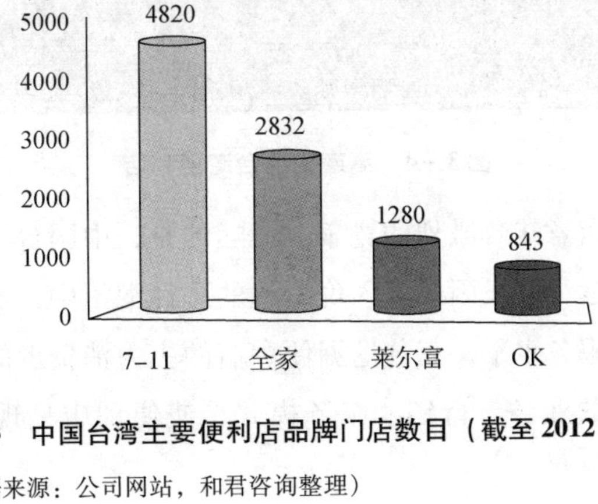

图3－3　中国台湾主要便利店品牌门店数目（截至2012年9月）

（数据来源：公司网站，和君咨询整理）

零售：
把客流变成购买力

便利店的服务范围几乎达到无所不包的程度，除传统的商品销售外，还包括缴费（从水电费到学费、交通罚款无所不包）、ATM 金融服务、宅配（从国际、国内快递到网络购物自提）、复印、打印、购票、饭店订房、储值、发票兑奖等和居民日常生活相关的服务。

二、激烈竞争下的业态革新

中国台湾地区目前是世界上便利店最密集的地区，平均每 3600 平方米就有一家便利店（中国台湾地区中部山区人烟稀少，所以，便利店在城市的密集度较高），每 2378 人就有一家便利店（中国台湾地区人口有 2300 多万）。有些地方，不到 100 米的街道竟有四家便利店，甚至在一条街的两边面对面各开一家同品牌的便利店。如图 3－4 所示。

图 3－4　高密度的台湾便利店

高密度的门店意味着激烈的竞争。幸运的是，中国台湾地区的便利店的从业者目光长远，并没因此陷入价格战的恶性泥沼中，而是不断地扩展服务领域，提高服务水平，充分挖掘便利店的主力消费者的消费需求，并创造出很多新颖的业务、行销、服务模式，使便利店呈现出繁荣发展的景象。

（一）便利店布局——高密度多店铺化

对中国台湾地区的便利店而言，其布局特点为“高密度、多店铺化”，即在同一地区集中开店，以达到降低物流成本、提高广告宣传效果的目的。一家便利店能否在客流量、销售额上遥遥领先于其他便利店，选址是关键，需要评估和规划商圈，充分掌握人口与住户数、住宅种类、年龄层等信息，并了解人与车通行量的动线状况，才能决定开店位置。

总体来看，便利店主要集中在住宅区与商业中心区附近。住宅区的便利店以开在十字路口的街角为主，位置明显且方便消费者购物；商业中心区的便利店以街道联栋式最多，以便吸引临近其他商铺的消费者，通常开在客流量大的街道旁，尤其是T字交叉路口的终点。还有一小部分便利店开在大型公共设施内（学校、体育馆等），方便在其中活动的特定消费群体，但也受设施空间、客流量的限制。如图3-5所示。

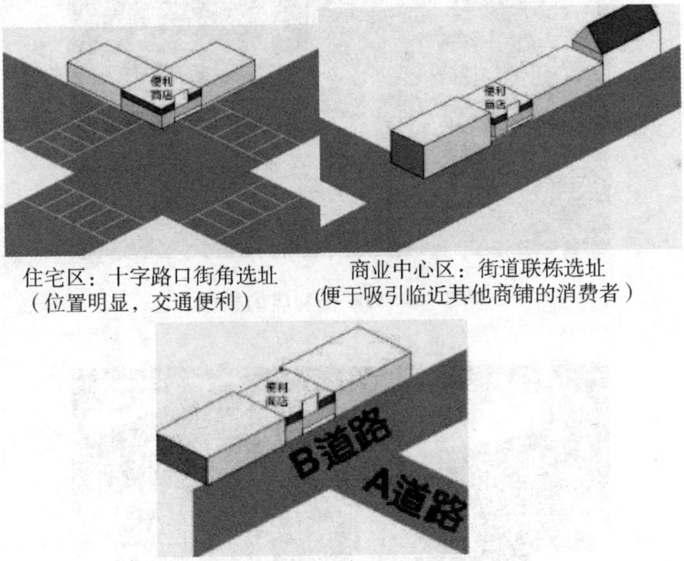

住宅区：十字路口街角选址（位置明显，交通便利）

商业中心区：街道联栋选址（便于吸引临近其他商铺的消费者）

商业中心区：T字交叉路口的终点（位置明显，客流量大）

图3-5　台北市便利店典型选址图示

（二）装修设计——醒目、简洁、时尚

中国台湾地区的便利店的招牌主要分为正面招牌与侧面招牌。正面招牌说明便利店的名称和正面位置；侧面招牌提示过往行人，引起行人对便利店的注意。连锁便利店的招牌最主要的功能是突出表现连锁品牌的统一性、独立性，树立品牌形象，扩大品牌效应，传播品牌的标志和品牌的名称。招牌的色调应绚丽，以对比强烈为原则。因此，中国台湾地区便利店都喜欢用条纹拼接的方式做便利店店招牌。比如，OK 便利店的红、白两色，全家的绿、白、蓝三色，7 – Eleven 的彩虹色等。如图 3 – 6、3 – 7 所示，这种招牌醒目、规则、整齐，醒目之余，更显专业细致的企业文化。

图 3 – 6　OK 便利店的招牌

图 3 – 7　全家便利店的招牌

为了防止分散消费者对商品的视觉注意力，便利店内部的装潢没有采用鲜艳的色彩，“天、地、墙”都采用反光性、衬托性强的纯白色，给人以整洁、干净的感觉。便利店全部采用齐胸高的开放式货架，便于消费者寻找所需的商品。在某些空间稍大的便利店里，还提供一定数量的座椅，方便消费者在店内用餐，部分门店还设有卫生间供消费者使用。如图3-8、3-9所示。

图3-8　提供座椅的便利店

图3-9　提供卫生间的便利店

（三）充分挖掘客户附加值——“整个城市，就是我的咖啡馆”

中国台湾地区的便利店有效地把握了便利店的主要消费客流——年轻人，对便捷、时尚的追求，开发了平价咖啡这一便利店增值产品，使本该属于餐饮业主角的咖啡，成为便利店竞争最激烈的商品。仅就 7 – Eleven 每年都能卖出一亿五千万杯以上的平价咖啡——“CITY CAFé”，成为中国台湾地区平价咖啡第一品牌。不但抢占了走精品路线的星巴克咖啡（统一集团拿到了中国台湾代理权）的市场，连专业连锁饮料企业都避开咖啡产品，改以其他调味饮料吸引消费者。

虽然今天便利店的咖啡已成为热卖商品，但历史上曾经遭遇过惨痛的失败。7 – Eleven 早期经营咖啡时，完全移植照搬美国模式，销售自助式、冲好保温的美式咖啡。结果每天倒掉的咖啡比卖掉的多，亏损严重，一度停卖。7 – Eleven 充分意识到咖啡市场很有潜力，没有就此放弃，而是将协助生产厂商花费 3 年时间改良咖啡机，最终设计出了小型化、傻瓜式咖啡机。该咖啡机不论店员是否具备熬煮咖啡的经验，只要按两个按键、十几秒内就能冲好一杯咖啡。对消费者而言，“一分钟即可拿到手里，价钱只是咖啡馆里的三分之一”的现煮美味咖啡，无疑有着巨大的诱惑力。

7 – Eleven 的平价咖啡热卖，除了便利、快捷、物美价廉等原因外，还在于 7 – Eleven 改变 CITY CAFé 与消费者的沟通方式，以情感作为诉求重点，为平价咖啡注入了现代、时尚的气息，迎合了便利店主要消费群体的心理诉求。

2007 年，7 – Eleven 邀请以清纯、知性形象著称的女星桂纶美，拍摄一部以城市为主题的咖啡广告，传达了一位都市女性兼具知性、灵性的形象，借由她来表达喝咖啡的心情，并打出“整个城市，就是我的咖啡馆”的口号。该广告推出后反响很好，大幅提升了平价咖啡在年轻人心目中的品牌形象，引领了新一轮消费风潮并延续至今。

图3－10　台湾 CITY CAFé 的广告

(四) 刺激重复购买——玩偶与集点营销

买产品赠玩偶，是中国台湾地区的便利店提高消费者重复购买率的一大利器。可爱、时尚的公仔玩偶，对便利店的主力消费群体——年轻人，有着莫大的吸引力。在玩偶形象的选择上，多是当下比较流行或比较经典的高人气卡通形象，比如，全家引进海贼王系列玩偶，7－Eleven 引进 hello Kitty、蜡笔小新系列玩偶等。而且 7－Eleven 不光从外面引进玩偶，还专门花重金请设计机构创造了属于其自己的玩偶形象——“open 小将”，开发了一系列周边产品，围绕这一玩偶开展的买赠活动也为 7－Eleven 聚集了不少人气。

消费满一定金额赠送玩偶，现在已经不是什么新鲜的促销手段。可中国台湾地区的便利店还是能通过“集点”的方式，在此基础上找到很多新意。

笔者在中国台湾地区考察期间，恰逢 7－Eleven 举办“hello kitty 梦幻变装吊饰印章”的买赠活动，参与该活动的消费者会先拿到一张画有24个空格的贴纸表。之后，消费一定金额会得到一张精美贴纸，就是一个

“点”。消费者可将贴纸贴在空格上，等 24 个格都被贴满后，就意味着集满了“24 点”，可以兑换一个 hello kitty 玩偶印章。如图 3－11 所示。

图 3－11 “hello kitty 梦幻变装吊饰印章”买赠活动

这种“集点”的方式不仅刺激了消费者的消费欲望，商家还可以通过调整规则平衡产品销量。比如，商家发现某种商品滞销或需要推广新产品，可以在该产品上标明，如果今天购买该产品可以获得更多贴纸，往往都会取得良好的促销效果。如图 3－12 所示。

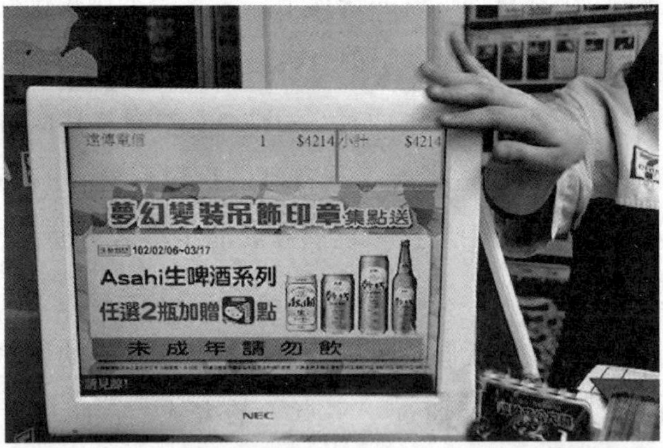

图 3－12 通过“集点”方式平衡产品销量

（五）向社区服务领域延伸

近几年，中国台湾地区的便利店的角色，已经慢慢从一个主要服务过往客流的商业单元，向社区服务中心角色转变。住在便利店附近的社区居民不仅购买日用品去便利店，不想煮饭吃“食堂”、缴纳各种费用也去便利店，甚至“托管”暂时无人看管的小孩、夜间叫计程车，都会选择便利店。一位消费者说：“我上班时订了台东的蔬菜，会让他们直接寄到便利店，我下班去拿。”

便利店经营者顺应这种趋势，更加深入了解周边社区居民需求，推出一系列满足生活现实需要的贴心服务。例如，某家全家便利店开设休憩区，提供功课辅导服务，有老师为学生义务补习，吸引学生来便利店上自习。便利店之所以实施这项措施，是因为中国台湾地区物价持续四年上涨，消费者的消费欲望持续降低。恰逢此时电价上调，很多家庭在夏季也会节约使用空调，有考生的家庭很希望为孩子找到一个凉爽、舒适的自习场所。据享用该服务的学生表示，“在便利店内上自习，不但可享受冷气，可以吃很多东西，而且店内充满了人情味——店长常请学生吃东西，考试成绩好，还能得到奖品。”在学生的需求被满足的同时，学生与家长也在不知不觉之中大幅提高了该便利店的业绩。如图3－13所示。

图3－13　吸引学生来便利店上自习

（六）永不缺货、永远新鲜——强大的配送系统与信息化系统

笔者在中国台湾地区的便利店消费的一个突出感受就是：货架上的商

品似乎从来不会缺货，而且“恰好”有自己需要的商品，真正能让进店的消费者“在5秒钟内做出购买决策”。一天24小时，你无论什么时候饿了，都可以在便利店里5分钟内吃到饭菜，而且食物新鲜、品类丰富、味道纯正。这需要依靠强大的配送系统与信息系统。

1. 配送系统

早期，中国台湾地区的便利店都没有自己的配送中心，批发商是便利店与供应商的“桥梁”，他们负责传递货物、信息、资金，便利店要和数量繁多、相互独立的批发商打交道。这直接制约了配送效率，无法满足消费者高效率、及时性的需求。

随着便利店的发展壮大，中国台湾地区的便利店和批发商建立了“集约化”的配送订货系统。“集约化”是指在一定区域内，指定一家特定批货商负责某区域中的几个小区域市场，管理这些小区域市场的供货商，再统一向便利店配货。因此，将他们称为“窗口批货商”，并将这种配送方式称为“集约化配送”。

以7－Eleven为例，批发商被指定为配送中心的管理者后，成为7－Eleven分销管道的核心。7－Eleven每日配送的主要商品有出版物、常温食品、低温食品、生鲜食品，分别对应专门的配送中心（如图3－14所示）。各配送中心根据商品不同的需求量，配合各配送中心的频率，并根据食品特性，按温度建立配送体系，分为冷冻类、微冷类、恒温类、暖温类四个类别，采用的设备不同，配送时间也不同。这套严密的系统让7－Eleven实现“一日三配”，当遇到特殊情况造成缺货时，能及时补充配货。

这套配送体系采用了先进的现代物流技术，包括订货、发货在线网络，数码分件技术，进货车辆标准化系统及专用物流条形码技术（物流电子化）等。在这些技术的支持下，7－Eleven在细化配送方面达到了常人难以想象的水平——以分钟计算配送流程。7－Eleven在压缩经营成本的基础上，逐渐扩大盈利空间。

信息系统也是促进便利店高速度、高质量发展的重要保障。中国台湾地

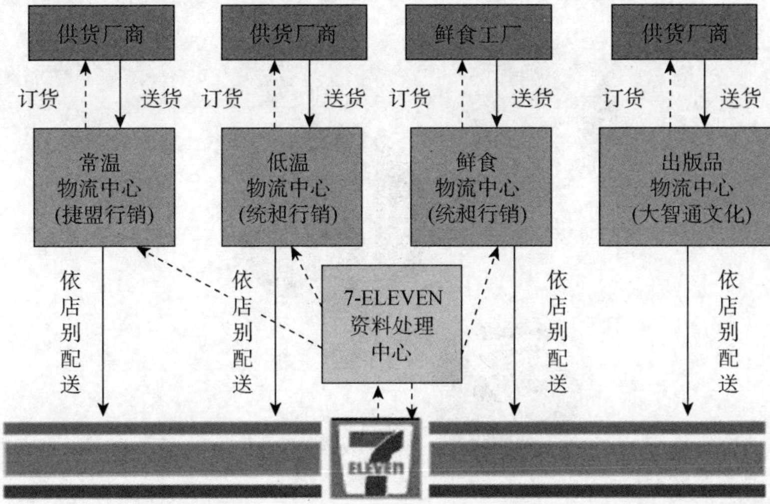

图3－14　7－Eleven的资料处理中心

区的7－Eleven发现导入信息技术与门店开发速度之间具有很强的关联性。比如，1989年8月，在导入电子订货系统后，其门店数从原先年增100家提高到年增200多家。1995年11月，导入POS系统。1996年，在POS系统上的初期投资就达12亿元，其后在不到4年的时间里，门店数增加了1000家。1997年1月，导入GOT新订货系统，进一步简化了门店的订货工作，并提高了订货的准确性，支持了7－Eleven之后平均每年100家以上的开店速度。

2. 信息化系统

信息管理系统对便利店提高经营管理水平的帮助是巨大的。

第一，通过pos系统和盘点系统的统计监测，公司总部可汇总分析数据，监测消费者的需求变化，对各个门店所提供的商品及服务做出准确、快速地调整。

第二，先进的信息管理系统还可以提高公司供应链的效率，使订单周转速度更快，有效降低库存。例如，7－Eleven在改进信息系统前，上午10点前下订单，下午4点以后才能收到货物订货信息，而现在只要7分钟就可以完成。如图3－15所示。

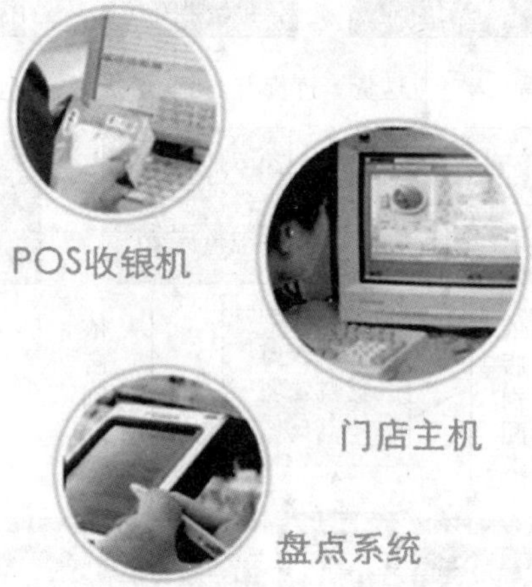

图 3-15　便利店的信息化系统

第三节　城市生活的标志：7-Eleven

7-Eleven 是全球最大的便利店连锁公司，便利店业态的开创者。其创立于美国，在全球有接近 5 万家门店，分布于日本、美国、加拿大、新加坡、泰国、马来西亚、菲律宾、中国、中国香港地区、中国澳门地区、中国台湾地区等。

整个便利店业态处在兴起阶段，是伴随着经济发展及收入水平提升、消费者生活及消费模式转变而进行的。在这一消费历史进程中，如何经营好具有便利偏好的消费客流，提供符合消费者需求的产品及服务模式，7-Eleven无疑做出了最佳的诠释，有着非常强的借鉴意义。

一、7－Eleven 的诞生和兴起

1927 年，4 家位于达拉斯的冰品企业和周边的 21 家销售店联合组成了南方公司。新公司利用他们的冰库营业时间比食品市场长的优势，开始销售一些需求量大的食品杂货，如牛奶、面包、鸡蛋以及冰品，在一些零售店中甚至出售汽油。这种新颖的小门店通过经营时间长，满足消费者应急需求而获得了竞争优势，这也是世界上最早的便利店，开创了零售业的一个全新领域。

1933 年，美国酒类产品禁令解除之后，南方公司下属的门店开始销售酒类饮料，这项业务为公司带来了不菲的收益。至 1946 年，南方公司将下属门店营业时间延伸为早上 7 点至晚上 11 点，并为突出这一措施，正式将门店命名为 7－Eleven。

早期为 7－Eleven 扩大销售额的是饮料销售。1935 年，南方公司率先推出纸盒牛奶；1965 年开始销售明星产品思乐冰，第二年的销售量便突破 1500 万杯；1973 年，7－Eleven 成为全美首家提供自助饮水机的零售商；1976 年，上市了 32 盎司重量杯，1983 年 44 盎司超级杯上市，紧接着 1988 年，公司再次推出了 64 盎司双料杯。思乐冰和重量杯均为 7－Eleven 的自有品牌，由公司自行研制开发，成为 7－Eleven 无价的品牌资产，其他竞争者只能望洋兴叹。

除了销售商品，7－Eleven 也开始拓展服务领域，以吸引消费者。20 世纪 50 年代中期，7－Eleven 销售汇票，提供配制钥匙服务，60 年代末期，出租电视机、地板抛光机、地毯清洗剂。进入 70 年代，汽油业务成为便利店主要利润来源，占公司销售总额的比例，从 1972 年的不到 3% 增加到 1985 年的超过 25%，越来越多的便利店增加了气泵设备。

1969 年，南方公司聘用了军队和空军交换系统的领导者，为公司创造新的分销系统，这样能够使整个 7－Eleven 王国运作效率更高。这位新官为公司设计了新的分销中心网络，遍布全国，采用计算机控制库存和采购

流程，有效降低了公司库存和送货的固定频率。这套系统获得业界的高度赞扬，成为70年代乃至80年代早期的全行业争相效仿的对象。

1973年，7-Eleven在北美地区的门店已达到5000家，当年实现收入14亿美元，利润2300万美元。同年，南方公司将销售触角伸出北美，拓展海外市场。采用相同的特许协议的方式，陆续在其他国家开设了7-Eleven。1985年，南方公司达到了其巅峰时代，遍布全球的8000家便利店和美加地区的其他业务为其带来了130亿美元收入，实现净利润2.12亿美元，成为全美第7大零售企业。

二、发扬光大：7-Eleven在日本的发展

“便利店”这个概念是在1970年左右引入日本市场的，但直到1974年，日本全国的便利店门店总数也仅有500家，还未引起人们的广泛关注。

70年代初，日本伊藤洋华堂公司董事铃木敏文在带领公司员工，到美国学习考察流通业技术和经验的过程中，偶然发现了美国的7-Eleven商店，惊讶于“美国还有这么小的超市”。而当时伊藤洋华堂在日本各地的店铺（大型超市）扩展，正遭遇各地小店主的激烈阻挠。铃木敏文的想法是，如果把这种连锁便利店的模式导入日本，可以创造小型商店和大型超市共存共荣的典范。为此，铃木敏文克服重重障碍，终于在1973年11月促成伊藤洋华堂与美国南方公司签约，以销售额0.6%的费用获得南方公司授予的特许经营许可，使用7-Eleven的商号、商标和服务标志，在日本开设便利店。

日本7-Eleven从美国南方公司拿来了厚厚的27本经营手册，但是除了会计系统，其他的部分在日本都没能进行使用，因为面对的消费者及市场有着巨大的差异。在美国。7-Eleven的店长没有采购权，公司集中大批量采购后分配给各店铺。同样方法在面对更为挑剔的日本消费者后，并没有显现出比夫妻店更明显的优势，导致大量库存积压。

日本的经营者通过对日本消费者的消费习惯进行研究后发现，在第二

次世界大战之后，日本的消费者已经发生了巨大的变化：单身家庭数量增加；大量妇女走上工作岗位；一家人在一起吃饭的机会减少；居民可支配收入持续增加，消费能力变强。

以上这些直接促使日本人饮食的改变：一是人们开始逐渐远离传统米饭，鱼和蔬菜，而是选择更多肉食和西式食品；二是人们开始减少在家里烧饭，而改去饭店吃饭，或购买预处理食品。

基于此，日本7－Eleven进行了两个方面的模式改革，一是把鲜食作为便利店的主要经营品类，满足消费者对餐饮方面的便利需求；二是赋予店主采购权，通过加强单品管理和小批量采购，有效降低库存，提高了商店效率。美国7－Eleven是大范围开店，日本7－Eleven则是在选择好的区域内贯彻高密度多店铺战略，这既有利于提高店铺在区域内的知名度，创造地域品牌，也有利于实现小批量进货。

为了及时向各门店配送鲜食，实现小批量进货，日本7－Eleven促进了日本的物流体制改革，实现共同配送。此前，日本是以工厂为主导的物流配送体系，生产厂家各送各的，以至日本7－Eleven每家店每天的送货车多达70辆。在7－Eleven的推动之下，1980年日本流通史上第一次实现了牛奶的共同配送。随后，7－Eleven进一步发展了共同配送体制，按区域设立了根据商品特性分四个温度段进行集约型共同配送的配送中心，每家店铺一天的送货车减少到9辆。（详见第三章第二节“中国台湾地区的便利店发展历程——永不缺货、永远新鲜”中对7－Eleven的集约型共同配送中心的介绍）

在扩张战略方面，日本7－Eleven采取的是特许经营，争取传统势力的支持，避免直接冲突，实现快速扩张。在日本的零售市场上，小型的夫妻店长期以来占据了大部分的市场份额，甚至已经成为一支强大的政治力量，曾多次驱动日本政府出台不利于大型零售企业的政策。进入日本市场初期，7－Eleven并未立即开设新店与这些夫妻店进行直接竞争，而是精心选择了部分夫妻店，说服他们加盟7－Eleven连锁体系。在选址过程中，公司严格遵循利润评估标准，确定新店铺的现有利润率是否能够在营业第五年达到一定的投资回报率（ROI）。7 – Eleven 公司向特许加盟店提供管理和技术支持，从而使公司从自主经营所需的购置资产、建筑和维护等沉重的投资包袱中解脱出来。

7 – Eleven 的另一项策略是掌握市场主导权。公司缓慢拓展经营区域，在同一地区集中开设大量分店，保证最大限度使用分销体系，提高品牌认知度，增加广告效用，并且阻挠后来者进入市场。

三、易主：伊藤洋华堂收购 7 – Eleven

20 世纪 80 年代，随着越来越激烈的市场竞争以及其他问题的出现，美国 7 – Eleven 的经营开始遇到重大挑战。大型石油公司纷纷将位于交通要害的加油站改为小型便利店，提供自助加油服务，导致全国便利店的数量翻了一番。同时，超市将营业时间延长，有时全天候营业，削弱了便利店的主要优势，即营业时间长，导致便利店丧失了一度掌握的定价主动权。南方公司不能投入大量资金用于信息技术，无法获得采购和存货管理的前沿技术，曾经引以为傲的分销系统也因为缺乏维护资金而逐渐失去光华。

此外，70 年代末期和 80 年代早期，南方公司采取多元化策略，先后进入了炼油、汽车零部件、房地产开发领域，这样一来公司的防线被削弱了，很容易遭到恶意收购。1987 年，为了避免恶意投资，部分公司创立者家族成员采取杠杆收购的方式将公司私有化，但是严重的债务问题最终还是将公司逼上了绝路，1990 年，公司宣布破产。7 – Eleven 的一些主要竞争对手，如 Circle K，Cumberland Farms 和 National Convenience Store 也同期宣布破产倒闭。

鉴于南方公司的财务状况不断恶化，1988 年，伊藤洋华堂同意向公司提供大笔贷款，作为回应，公司必须降低伊藤洋华堂每月支付的专利费标准。1989 年，伊藤洋华堂向南方公司收购了夏威夷地区全部 58 家分店。次年，南方公司申请破产，时年担任 SEJ 总裁的 Suzuki 说服伊藤洋华堂挽救这家公司，不破坏旗下的便利店业务。Suzuki坚信，借助其在日本市场所向披靡的经营战略和管理措施，一定能够再造这家美国公司。1992年，南方公司奇迹般地从破产边缘被拉了回来，重组后，日本企业占有公司的61%股份。公司仍然为独立实体，Masatoshi Ito担任主席，Suzuki出任美国公司董事局副主席。2000年，南方公司更名为7-Eleven有限公司，正式成为日本伊藤洋华堂的控股公司。

日方入主后，立即开始重新定位美国7-Eleven的经营模式，导入在日本地区的成功经验——加大对生鲜食品的经营。并为此雇用了一批高级管理人员，这些人员来自诸如百事可乐等公司，拥有丰富的食品和市场经验。在这批管理者的带领下，美国7-Eleven逐渐搭建起了自己鲜食网络，并借此逐步走出困境。

四、竞争优势分析

7-Eleven早期在北美地区的成功来自于对消费趋势和消费者喜欢尝试新鲜事物的心理的准确把握。“二战”以后，人们纷纷从中心城市迁移至郊县的生活区。这样的便利店营业时间长，有的甚至是24小时，消费者可以随时购物，满足了越来越多的忙碌人群快速采购的要求。而与之相对应的超市，由于营业时间相对较短，便利性较差。有的超市，消费者从泊车到最终进入超市入口，需要相当长的时间。这样一来，便利店的便利优势显而易见。尽管便利店能销售的商品品种有限，存货数量较少，但是可以提高商品价格以弥补无法大批量采购带来的损失。20世纪60年代中期，公司开始尝试特许经营，出租全装修便利店，作为回报，承租者需要将一定百分比的销售收入上缴给公司。尽管特许经营便利店的数量不到一半，大部分便利店仍然是由公司自主经营的，但是通过特许经营，能够有效减少对公司资金的占用，有利于加速公司的发展进程。

7-Eleven发展到今天，其获得竞争优势的主要原因体现在三个方面。

1. **对加盟业主的强大管理能力与周到的支持体系。**7-Eleven总部与各门店间构筑了庞大的信息交换网络，总部信息中心每天 3 次处理与分析各门店销售数据，单次处理时间仅需 20 分钟。借助强大的数据处理分析能力，总部能够清楚掌握各门店以及各类商品的销售情况并迅速应对。

2. **搭建完善的物流配送体系**。7 – Eleven 的物流配送网络由大量的配送中心及小型据点构成。针对不同地区口味，还设有精肉加工中心、调味料包装中心及蔬菜加工中心等专业化部门。物流过程中按食品需要的储藏温度分类存储和配送，全程温度保持一致，对食品及饮料施行鲜度管理。在商品的采购、销售及库存管理过程中，7 – Eleven 又贯彻单品管理的理念，在把商品的减损控制到最低限度的同时，不因缺货而错过任何销售机会。

3. **拥有强大的商品及服务开发能力**。掌握终端零售数据使得 7 – Eleven 对消费者需求的把握更为精准，7 – Eleven 总部向门店提供约 4000 种商品以选择，而通常店内会上架 2200 ~ 2500 种商品，每年更替 75% 的商品以保持对消费者的吸引力。7 – Eleven 还大力开发自有品牌商品，现销售额占总体近 13%。此外，7 – Eleven 将金融服务、公用事业服务乃至部分行政服务纳入到便利店中，最大程度地满足消费者对生活便利的需求。

第四节　中国便利店之王：美宜佳

在中国的零售业中，存在着一种奇特的业态：它将自己定义为便利店，也确实拥有便利店的一些特征（小型化、连锁化、高毛利），但却不具备标准便利店所必须具备的配送能力和管理水平；它的经营模式类似于超市，面积却比超市要小得多，而且主要靠满足特定人群的便利需求而非价格优势来获得竞争力。这种门店我们将其定义为“类便利店”，是一种介乎于超市与便利店之间的业态。目前，中国大陆很多本土崛起的“便利店”基本上都应归于这一领域中。而号称“中国便利店之王”的美宜佳便利店有限公司正是这一业态的典范。

美宜佳便利店有限公司是广东省东莞市糖酒集团控股的连锁商业流通企业，成立于1997年，主要发展模式为特许加盟，通过15年的创新发展，已成为业界首屈一指的品牌。数字显示，截至2012年年底，美宜佳门店总数超过了4600家。平均下来，美宜佳将每年新增数百家门店的速度保持了15年。这一成果远远超过了7-Eleven、OK等外来便利店的成绩，显示出了“类便利店”业的强大生命力。

一、美宜佳的选址策略

1997年美宜佳创立时，正值营业面积在10000平方米左右的沃尔玛和家乐福要落户东莞，而此时占据糖酒集团一半营业额的美佳超市只有300-500平方米大小，无法提供一站式购物体验。若与1992年进入中国、大小为100平方米左右的7-Eleven相比，美佳超市的商品种类又显得过多。国内超市的未来必须二择其一。

东莞糖酒集团相信东莞是适合便利店生存的土壤。中国北方的冬天过于严寒，晚上八九点钟时行人已大多蜷缩在家中。作为营业时间最起码16小时的临街店铺，便利店需要夜行人群的消费额以分担房租。东莞位于亚热带，12月还可以穿短袖。东莞是国内大中城市中本地人口占比最低的城市，这里的外地打工人口占总人口比重长期保持在90%以上。单身的打工仔、打工妹是南方盛行的夜生活的主力人群，有便利消费的需求，也有能力消费。

而在南方发达的城市开设类便利店也是不太现实的，因为上海、广州的临街店铺房租动辄数万元。但2003年东莞桑园工业园临街店铺房租为1500元，2012年时也不过约2500元。太不发达的城市也不合适，否则消费者购买一瓶饮料时，会计较便利店与超市之间1元钱左右的价差。东莞是广东省第三富庶的城市。

东莞还有非常适合便利店业态发展的环境因素。20世纪90年代初上万家港台商人投资的工厂，将东莞分割成一镇一产业、一镇一中心的地理格局。在东莞，市中心的房价并非东莞市最高，房价最高的行政区域又并非交通中心。没有严格意义上的市中心意味着适合大型百货、超市生长的商圈屈指可数。“一个工业区能开家乐福吗？开不了。但是这些人又有消费需求，那就开小店。”东莞市一家便利店公司的创始人说。

基于此，美宜佳确定了扎根于东莞，避开 7 - Eleven 等品牌聚集的闹市区，多选择居民区、工业区甚至城乡接合部等租金低廉的地方开店。这一选址策略非常精准，美宜佳门店在上述区域获取了可观的收益，这也为美宜佳后续的成功壮大奠定了最重要的基础。

二、以特许加盟的模式快速扩张

1997 年时，糖酒集团还不能确定美宜佳该选择何种成长路径。以直营店的形式扩张，一个店得新增 5 位国企员工，管理成本太高；以特许加盟形式扩张则无须担忧一次性投入的 15 ~ 20 万元（其中 1 万元的加盟费，每月再缴纳 1000 元管理费，装修由加盟商出钱美宜佳负责）开店成本和人工，而且加盟商经营的是自己的事业，美宜佳相信他们会更用心、更加节约，不至于大白天坐在店铺里打瞌睡。

对东莞人乃至广东人而言，加盟美宜佳无疑是一个投资的好出口。即便是在东莞的打工族也能积累下一笔小财富。1998 年加盟美宜佳这是个不能挣大钱但是可以居家过日子的小生意。自此以后的美宜佳门店都属于特许加盟的模式，这也支撑了美宜佳的高速扩张发展

三、加强管理平台，实现统一采购

早期的美宜佳并没有实现统一采购。1998 年糖酒集团的采购、配送能力相对薄弱，尽管了解统一采购和配送的必要性，但并未严格执行。1997 ~ 2001 年，美佳超市、品牌供货商、批发市场成为美宜佳便利店采购来源。配货在相当程度由加盟商自行解决。这种模式无疑存在着极大的弊端，商品的

质量和价格都无法得到保证，企业品牌形象很容易受到冲击。

2000年，美宜佳决心整顿管理系统：每家门店必须向总部递交采购不低于某数字的保证书。但以糖酒集团原有的管理及沟通体系很难支撑。为此，美宜佳高管前往上海参观了可的便利店，学习参观了其使用的POS系统，并下决心引入美宜佳。但初期，由于POS机成本远超过收银机，且推广手段过于强硬，绝大多数加盟商不赞成更新设备，甚至造成了1/4的门店集体退出美宜佳。这些门店之后另行成立嘉和便利店公司，它们沿用了美宜佳此前的松散管理。今天，在东莞街头已很难见到嘉和便利店。

在完成POS系统之后，美宜佳继续完善其统一平台的关键环节：物流。2002年，美宜佳的兄弟公司时捷物流承担起美宜佳的物流任务。随后美宜佳又兴建两万平方米的仓库。到2012年，时捷物流每天都有几百辆货车为店铺配送货品，使美宜佳的便利实现了二天一次的配送，极大提升了美宜佳的竞争实力。

四、美宜佳的一些局限性

尽管美宜佳取得了不俗的经营业绩，但是经营过程中还是折射出诸多问题。

第一，总部对加盟门店的连锁管理能力及支持力还比较孱弱。二天一次的配送能力相对于便利店普遍实现的一天二配到三配还有很大差距，系统配送能力直接制约了美宜佳的货品更新速度及经营鲜食的能力，使其无法和竞争对手在品类上拉开明显差距。

第二，对店铺的培训管理、数据支持方面也还处于较低水平，各门店的经营能力参差不齐，很难发挥整体品牌效应。

在零售业态面临升级转型之时，区域零售企业也在面临着经营理念与文化的变革。在电子商务日益蚕食实体零售店市场份额的困境下，如何通过零售企业独有的经营理念与企业文化黏住消费者，是摆在企业面前的最大问题。而在这方面，听听胖东来的故事，或许能够为我们带来一些深刻

的启示。（详见第五章）

第五节　便利店业态行业概况

一、便利店业态简介

（一）便利店业态定义

美国定义：便利店是指营业面积从93至300平方米以内，拥有停放5至15台汽车的停车场，营业时间比一般超市时间长，并采用自助服务方式，给予消费者购物上最大方便的小型店铺；另外，便利店主要经营奶酪制品、面包、饮料、香烟、冷冻食品等农产品和生活必需用品并保持适当合理的库存。

日本定义：便利店是指在一个小的商圈范围内，用开架售货的方式，销售日常生活必需品的长时间营业的小型商店。是以向消费者提供方便为第一要义，并在经营管理方面追求高效率性的零售企业。

中国定义：便利店是指满足消费者便利性需求为主要目的的零售业态（我国商务部《零售业态分类》（GB/T181062000）定义）；便利店是一种以自选销售为主，销售小量应急性的食品、日常生活用品和提供商品性服务，以满足消费者便利性需求为主要目的的零售业态。

（二）便利店业态的分类

从世界便利店的发展历程来看，通常被划分为两种类型：传统型（Traditional）和加油站型（Petroleum-Based）。

传统型便利店：

通常位于居民住宅区、学校以及客流量大的繁华地区，营业面积为50～150平方米，营业时间为15～24小时，经营品种多为食品、饮料，以即时购物的便利性消费、小容量、应急性为主，80%的消费者是目的性购买（如7－Eleven、Circle K），盛行于亚洲的日本和中国台湾等地区。

加油站型便利店：

通常指以加油站为主体开设的便利店（如BP、ESSO），在地域广阔且汽车普及的欧美地区发展较为迅猛，2000年美国加油站型便利店占行业门店总数的76.1%。

（三）便利店业态特征

从不同国家对便利店所下定义来看，便利店普遍具有以下特征：

1. 选址在居民住宅区、公路边，以及车站、医院、学校、娱乐场所所在地；

2. 商品营业面积较小，但利用率高；

3. 商品结构以速成食品、饮料、小百货为主，有即时消费性、小容量、应急性等特点；

4. 80%的消费者为有目的购买；

5. 营业时间长，一般在15小时以上，甚至24小时，终年无休息日；

6. 以开架自选为主，结算在收银机统一进行。

便利店具有与超市相区别的4个“便利”业态特征：

1. 距离便利性；

2. 即时的便利性；

3. 时间的便利性；

4. 服务的便利性。

二、便利店业态发展历史

（一）世界发展历史

便利店简称CVS，起源于美国，发展成熟在日本，其特点在中国台湾地区发挥到极致。

在美国，由于超级市场步入大型化与郊外化以后，给购物者带来了距离、时间、商品、服务等诸多方面的不便利；同时由于超级市场远离购物者的居住区，到超级市场购物需驾车前往，加上超级市场卖场面积巨大，商品品项繁多，购物者要花费大量的时间和精力挑选商品，还需忍受排长队等候结账之苦；以上种种都使得那些想购买少量商品或想满足即刻所需的购物者深感不便，便利店由此应运而生。

日本便利店是20世纪60年代末从美国引进的，经营便利店最为成功，日本第一家便利店成立于1969年，是由日本橘高糕点批发公司按美国模式建立的沃玛特便利连锁集团。1973年日本伊藤洋华堂集团与美国南方公司建立7－Eleven便利商店连锁集团。1991年日本7－Eleven公司应美国南方公司的要求，在与该公司实现资本参与的同时，实现经营方面的参与，现已成为南方公司的控股公司。便利店已成为日本零售业中具有日本本土特色的典型代表。

我国中国台湾地区的便利店始于70年代末，1977年成立的“青年商社”是中国台湾地区最早的便利店。1979年统一集团引入日本7－Eleven后，当年与桑斯兰德公司签约合作。便利店在中国台湾地区开始大规模发展。1980年第一家7－Eleven长安门店开幕。1998年1月加盟店比例超过65%，到1999年3月，门店数已达2009家。目前全中国台湾地区平均每3000人就拥有一家便利商店，是全世界便利商店密度最高的地区之一。

（二）便利店在中国的发展历史

从便利店的世界发展历程可以看出，发源于美国的便利店是在移植到日本后得到飞速发展的，其后又在日本和中国台湾地区被加以推广。其中原因在于日本和中国台湾地区地域狭小，人口众多、密集度相当高，居民出行购物很大程度上还是依靠步行，会更多地考虑便利的因素。同样原因，在国内各中心城市与沿海城市，便利店也存在着较大的生存空间。

根据零售业态的发展规律，一般认为，在人均GDP达到3000美元的国内城市，便利店就会有生长的土壤。而它们主要集中在经济发展较快、富裕程度较高的长江三角洲地区，如沪宁杭和广深等城市。事实上，国内的便利店也正是在这两个地区得以迅速发展。如图3－16所示。

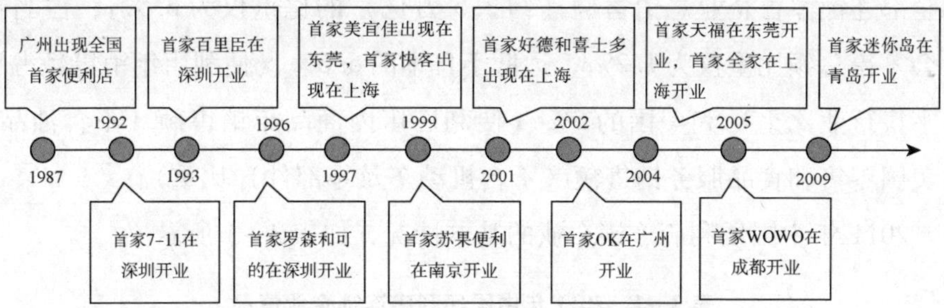

图3－16 便利店在中国的发展历程图

三、便利店业态现状

（一）规模与集中度

整体处于成长期，高速增长，规模较小

便利店业态最初于1990年代引入国内市场。尽管起步较晚，但是伴随着经济的持续增长，便利店业态在我国取得了较快发展。

2003年以来，随着我国经济的高速发展及居民收入的提高，便利零售业态也进入了高速发展阶段。从2003年到2011年，中国便利店门店数和收入复合年均增长率分别达20%和24%。9年间，便利店的门店数和收入都增长4倍多，2011年便利店门店数达27600家，收入近500亿元。如图3－17所示

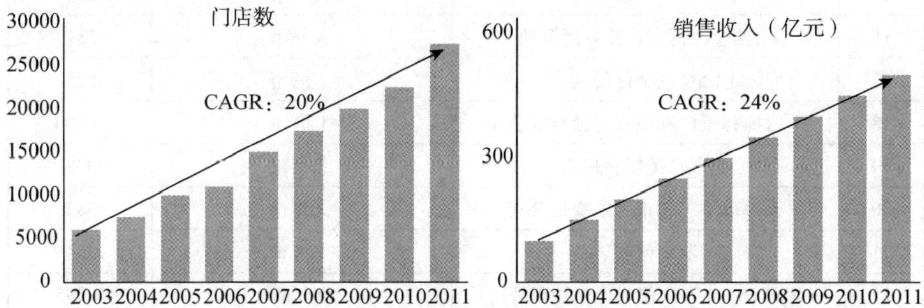

图3－17 近年来便利店在中国的门店增长与销售增长趋势

（数据来源：Kantar Retial，安信证券，和君咨询整理）

但是从便利店规模占比来看，上述统计口径中便利店商品销售额占当年全部连锁零售企业总销售额（约3.5万亿）的比重仅为6.5‰，占当年社会零售总额比重仅为1.2‰，远低于日本的6.6%（便利店年销售额占日本零售行业比重）和美国的5%（便利店店内商品年销售额（不含油品）占美国零售和食品服务销售额（不含机动车及零部件）比重）。

2011年中国便利店连锁企业的基本情况，如表3－1所示。

表3－1 2011年中国便利店连锁企业情况

序号	公司名称/品牌名称	主要分布地区	门店总数
1	东莞市美宜佳便利店有限公司	广东省	3650
2	农工商集团便利店（好德、可的）	上海市	2100
3	快客便利店	上海/浙江/江苏	2014
4	苏果便利店	南京市	1446
5	东莞市星输商贸有限公司	广东/湖北/云南	1400
6	四川省互惠商业有限公司	四川省	1270
7	成都红旗连锁股份有限公司	成都市/眉山市	1129
8	陕西省太原市唐久便利店	太原市/晋中市	1106
9	浙江人本超市有限公司之上便利店	温州市	892
10	河北国大36524便利店	河北省	840
11	青岛利群便利店	青岛市	800
12	7－Eleven	广州/北京/天津/成都/上海	798
13	全家便利店	上海市	*700
14	喜士多便利店	上海市	*60
15	武汉中百便利店	武汉市	584
16	山西金虎便利连锁有限公司	太原市	537
17	上海良友金伴便利店	上海市	525
18	上海梅林正广和便利连锁有限公司	上海市	*400
19	北京物美便利超市	北京市	392
20	天津市津工超市有限责任公司	天津市	382
21	罗森便利店	上海市	354
22	WoWo（中国）便利连锁管理公司	四川省	*295
23	万店通便利店	深圳市	*260
24	哈尔滨中央红集团小月亮便利店	哈尔滨市	*250

续表

序号	公司名称/品牌名称	主要分布地区	门店总数
25	上海好迪亚零售有限公司	上海市	214
26	北京好邻居便利店	北京市	186
27	北京京客隆便利店	广州市	161
28	OK 便利店	大连市	95
29	太阳系便利店连锁经营有限公司	青岛市	65
30	青岛迷你岛便利店有限公司	青岛市	29

（数据来源：中国连锁经营协会，和君咨询整理，带＊号为估计值）

（二）发展阶段

区域发展不平衡，东部竞争激烈，中西部市场刚刚起步

便利店是超级市场发展到比较成熟阶段后的产物。因此，便利店最初的发展必然是经济比较发达、超级市场发展比较成熟的地区。这就造成了国内便利店行业发展出现地区不平衡性，发展较快的主要集中在国内大型城市和一些沿海经济发达地区。目前上海、广东便利店发展最快，其次是北京、四川、江苏、浙江等地，而一些二线城市和多数三线城市还处于空白状态。如图3－18所示。

（三）经营模式

采用赚取进销差价以及收取通道费用的模式，内资企业门店以加盟连锁为主，差异化经营，烟酒类销售占比较高。

我国便利店业态目前基本采用赚取进销差价以及收取通道费用的模式。但经营实力弱的便利店品牌收取渠道费用议价能力较弱。

另外，目前我国便利店门店主要以加盟连锁经营为主，排名靠前的便利企业加盟门店占比都比较高。例如，东莞美宜佳甚至100%采取加盟连锁经营。加盟连锁经营模式为企业迅速扩张提供了强力支持，并迅速提升品牌价值，占领市场先机。但便利店企业的经营重心仍是物流、品类管理、培训等专业化经营方面。如表3－2所示。

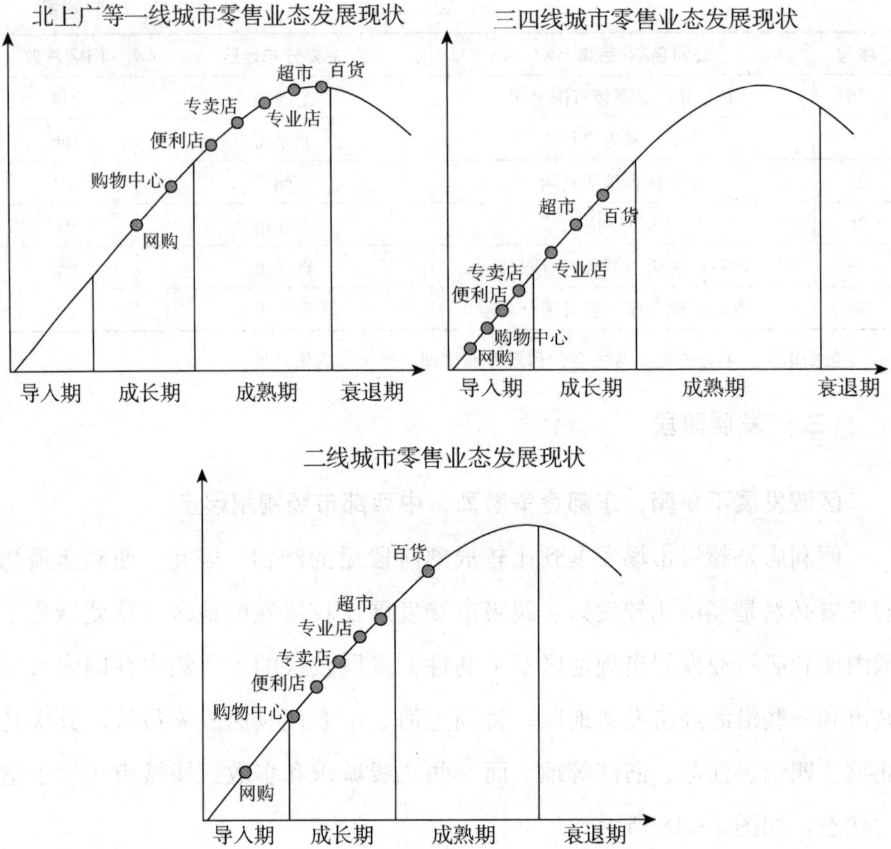

图 3－18　不同区域便利店发展现状图

表 3－2　中国便利店门店加盟连锁情况

品牌名称	门店数	加盟店数	加盟店占比
美宜佳	2800	2800	100%
联华快客	2000	1073	53.7%
上好	1300	1294	99.5%
唐久	1056	770	72.9%
国大 36524	802	650	81%
良友	552	270	48.9%
金虎	493	445	90.3%
京客隆	150	90	60%
物美	374	119	31.8%

（数据来源：公司网站、中国连锁经营协会、和君咨询整理）

从经营品类上看，烟类最高，占比高达36%；其次为公交卡、饮料和电话卡，其销售额占比高达70%。由于外资企业不准卖烟，7 - Eleven、全家等外资便利企业以鲜食销售为主，此类商品的销售占比高达40%左右，远远高于行业平均水平。

（四）竞争状况

1. 外资便利店抢占渠道为先

外资便利店于20世纪90年代进入中国大陆市场。目前在国内市场的外资便利店连锁品牌主要有7 - Eleven、全家、Lawson（罗森）、喜士多、Ministop（迷你岛）和迪亚天天等。

2. 内外资品牌群雄逐鹿

在目前的国内市场，内资便利店在规模上占据优势。在便利店业态已实现导入的不同市场，行业呈现出不同的竞争格局。

在外资已完成早期布局的沿海经济发达地区如上海、广州等城市，内外资“短兵相接”，竞争激烈。举例来看，上海是便利店业态发展程度最高的国内城市之一，目前其便利店数量约7000家（不完全统计），门店密度已接近日本。其中，以可的、好德、快客、良友金伴等为代表的内资便利店数量占据大半壁江山，而7 - Eleven、Lawson（罗森）、全家、喜士多等外资便利店数量也达到1500~2000家。

在外资尚未大规模进入的地区，包括内陆经济中心城市（如成都）和其他沿海城市（如南京），内资便利店在规模上占绝对主导，其中部分市场呈现优势内资便利店连锁品牌一家独大或寡头竞争的格局。

3. 外资便利公司综合竞争力普遍强于内资企业

据研究表明，一家便利门店日销售收入要在4500元以上该店才能实现盈利，而且门店规模要保持在600家以上该公司才能盈利。目前平均单店收入超过4500元的便利公司有六家，其中7 - Eleven、全家和喜士多三家外资公司的单店日销售收入都达到了7000元人民币以上。尤其是7 - Eleven单店日销售额将近8500元。

内资便利公司中，农工商超市旗下的好德便利和可的便利单店日销售收入超过6000元；良友金伴刚过4500元。但罗森便利和快客便利单店日销售收入均在4500元以下，其盈利能力较弱。

由于烟草经营受限，外资便利店的实际营运能力更为突出。2007年国家发改委颁布了《烟草专卖许可证管理办法》，禁止外资企业进入烟草经营领域。因此在正规途径下，大部分外资便利店不具备销售香烟的资格，而烟类产品是便利店最大的零售收入来源。目前，外资便利企业在没有烟草销售的情况下，还能取得如此高的单店收入，可见其特色商品经营能力远远高于内资便利企业，其综合竞争力较强。如图3－19所示。

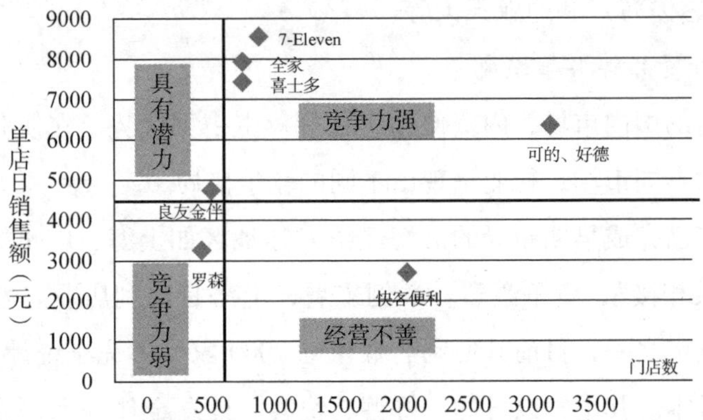

图3－19　全国便利店综合竞争力比较

（资料来源：Kartar Retail、安信证券研究中心）

第4章

购物中心：升级模式，华丽转身

【观点摘要】

在中国，购物中心作为舶来的商业形态，从产生到快速发展与经济环境、城市建设、社会文化、生活方式升级息息相关。

目前，中国购物中心急速增长，体量趋大。但集中度较低、空置率过高、同质化严重、营销定位不准、休闲消费理念难以突显等都是其问题所在。

我们就如何打造社区型购物中心与奥特莱斯，进行了论述，以阐明购物中心的细分业态如何进行有效的升级与转型。

第一节　购物中心业态的现状与挑战

一、购物中心的现状

随着中国消费的不断升级，中产阶级及零售商队伍的不断壮大，使得购物中心的发展达到空前水平，尤其是在亚洲。而新建的购物中心大多位于新兴市场，其中中国占据一半。

据统计，截至2011年年底，我国有276家新增购物中心，使全国开业的购物中心总量达到2812家，累计商业建筑面积达1.77亿平方米。据中国购物中心产业资讯中心数据显示，2012年我国新增购物中心数量超过300家，全国购物中心总量达3100家。德勤中国及中国连锁经营协会联合撰写的《2012中国购物中心与连锁品牌合作发展报告》中，预计我国购物中心仍将以每年300家的速度增长，到2015年，我国购物中心总量将达4000家。如图4－1所示。

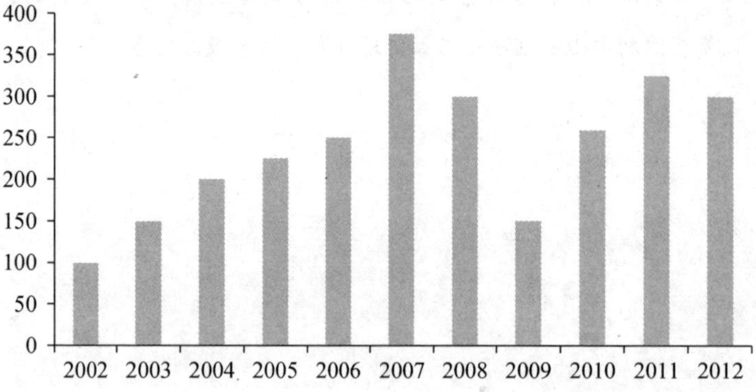

图4－1　中国历年新开业购物中心数量

（数据来源：《2012中国购物中心与连锁品牌合作发展报告》，和君咨询整理）

报告中指出，“中国购物中心快速发展的主要动力来自城镇化和服务业成长，并最终体现在消费升级……消费者的价值、需求和行为不断演变，对于商品个性化和服务体验的要求日益提高。高收入人群和年轻消费者追求更舒适和更精致的生活，消费者追逐的不仅是商品价值，同时也期望他们的消费体验符合其自身价值观或个人兴趣爱好。实现这一目标需要鲜明的定位、良好的品牌管理、优质消费者体验以及差异化竞争。”

根据数据显示，2008年以来，中国商业地产投资一直保持15%以上的增长态势，特别是2010年住宅调控政策颁布后，商业地产投资增速达到30%，高于房地产行业平均投资增速。2011年全年商业地产投资7424亿元人民币，同比增长31%；2012年商业地产投资略有放缓，但增幅依然高达25%。而与中国商业地产整体行情走势一致，中国购物中心总量同样快速增长。

仲量联行于2012年春季发布《中国新兴城市50强》报告中，就选出50个拥有大量商业地产发展机遇的二、三线城市，并预计10年内中国新兴城市50强中的主要城市将新建8000多万平方米的现代零售物业和接近3000万平方米的甲级办公楼，从而为市场带来大量商业房地产供应。在众多购物中心项目快速上马的二线城市中，成都、天津、沈阳、杭州、武汉都显示出了强劲的竞争力。

一方面随着本土开发商不断加入零售地产开发的行列，大量购物中心在各地林立而起；另一方面人们对于购物中心供应过剩的担忧日趋凸显。但是仲量联行分析却认为，在沈阳、武汉、重庆和郑州等各大城市，消费者数量的增幅将高于购物中心新增供应量的速度，这说明随着消费群体的不断扩大，购物中心新增供应将会被逐渐吸收。

因此简单地说中国购物中心过剩是不准确的，或者说还为时过早。这需要根据具体城市的消费者数量及购物中心增加量作为参考信息去进行分析。但这并不表示现在中国的购物中心不存在其他的问题。

二、购物中心的问题与挑战

中国购物中心发展，在看似风光的背后却存在着众多的问题。出现了诸如建造速度过快、购物中心“同质化”、空置率较高、经营情况不佳等问题。消费者经常可以看到类似这样的报道——据《财经》报道，2013 年 3 月 5 日媒体消息，号称世界最大的购物中心的东莞新华南 MALL 的空置率高达 99%，成为中国“鬼城”。因此，中国的购物中心亟须转型升级。

（一）规模过大，空置率过高，发展速度超越消费能力

中国现有的购物中心单体建筑面积集中在 10～12 万平方米左右，均高于国外商业发达地区。比如，中国台湾地区的购物中心平均面积为 8. 9 万平方米，中国香港地区是 5 万平方米，日本是 1. 5 万平方米，美国为 1. 1 万平方米。国内购物中心项目体量过大，导致投资周期长，收益成本增加。在招商过程中受种种因素制约，无法招到一线品牌和综合业态，就会造成购物中心的空心化、雷同化。（中国房商网，机遇与风险交汇——全程把脉购物中心开发与运营，2008. 09，http：//wenku. baidu. com/view/eb55532a3169a4517723a309. html）如表 4 －1 所示。

表 4 －1 不同国家购物中心建筑面积比较

国家	美国	日本	中国台湾地区	中国香港地区	中国
购物中心建筑面积（平方米）	11000	15000	89000	50000	100000～120000

（数据来源：中购联中国房地产信息集团，和君咨询分析）

商业地产的“高烧”早已在全国蔓延。根据世邦魏理仕的统计，目前全球在建购物中心面积最多的 10 个城市中，有 7 个位于中国，其中天津、沈阳、成都位列全球前三。天津目前约有 16 个在建的购物中心项目，面积达 245 万平方米；沈阳市中心区域在建综合体项目超过 40 个；成都已开工建设的商业综合体数量高达 104 个，未来 5 年将入市 1000 万平方米。

据英国《金融时报》网站 2012 年 11 月 7 日的报道，中国二线城市购

物中心的平均空置率为10.5%，高于2011年的10.2%；而在一线城市，空置率从原来的7.9%增加至2012年的8.4%。在沈阳、成都、广州三个城市中，这个问题更为严重：在中国最大的两个二线城市沈阳和成都，购物中心空置率分别为17%和16.2%；在广州，空置率达到10.2%，而2010年还只是刚刚超过4%。如表4－2所示。

表4－2　2012年中国不同地区购物中心空置率与增速比较

区域	城市	目前空置率	2012年Q1存量零售物业面积（万平方米）	2015年预计零售物业面积（万平方米）	增速
华中	北京	12.6%	652.2	950	45.7%
	天津	13.5%	218.9	260.3	18.9%
	沈阳	16.3%	355.8	375.2	5.5%
	大连	6.8%	99.6	380.1	281.6%
华东	上海	5.6%	305.8	384.4	25.7%
	南京	2.7%	51.7	76.1	47.2%
	杭州	1.4%	80.2	220.2	174.6%
中西部	成都	11.6%	226.5	460.2	103.205
	重庆	8.5%	112.7	201	78.3%
	武汉	2.6%	206.8	335.9	62.4%
	西安	5.6%	116.5	175.7	50.8%
华南	广州	9.3%	226	285.3	26.2%
	深圳	4%	137.2	408.6	197.8%

（数据来源：中购联中国房地产信息集团，和君咨询分析）

空置率过高意味着坪效的降低，而坪效的降低意味着商场单位面积销售收入的减低，购物中心的过度建设拉低了零售行业整体水平。

目前，我国购物中心的发展速度超前，并未与我国当前的消费能力相协调。消费率（最终消费占GDP的比重）是衡量一个城市购买力的重要指标，中国城市的平均消费率在37%到38%之间，而美国城市的消费率达到85%。据相关人士表明，天津的消费率只有21%，沈阳也不到30%。按照天津、沈阳目前的情况看，确实很难支撑如此巨量的新增购物中心。事实上，天津、沈阳等城市不少新开业的购物中心经营状况并不理想。

（二）同质化严重，千店一面

购物中心之所以能够成为全球范围内零售业提供有效供货和服务的最佳方式，是因为其设计和整体功能刚好迎合了消费者的购物新需求。现在越来越多的消费者把去购物中心购物当成一种娱乐消遣或社交活动，这种赋予购物中心娱乐特征的需求，将日益激发购物中心提升自身功能，力求给置身其中的消费者以独特、难以忘怀并有持续冲动的休闲购物体验。

现在，购物中心的开发商为了降低风险、确保回报率，多是照搬已经获得成功或者广泛为消费者接受的购物中心模式和经营方式，这样必然导致购物中心定位和功能趋同化，最终会形成“千店一面”的态势，丧失对消费者的有效吸引力。

例如，广州市的百货店里都进驻吉之岛，全国的购物中心里大概都有麦当劳、肯德基等餐饮店。如果每一家购物中心进驻的都是同样品牌店的话，人们就会只到习惯的购物中心去而不是按照个性有选择的到希望的购物中心去。那么商圈就会比预期的要小得多。因此，不应该一味地追求品牌店，而应该追求个性化的商店进驻。

三、营销定位不准、休闲消费理念难以突显

目前国内的购物中心在营销定位方面存在虚化市场定位，造成项目定位与市场真正需要脱节、市场主观预期与客观需求脱节，因而直接影响到购物中心竞争能力的提升和商业特色的发挥。

一些购物中心虽然有较为明确的定位，但在实际操作中并没有结合项目自身特点进行整体考虑，过于依赖大店、大卖场和大超市，导致商品组合与自身定位不协调，这也直接影响了购物中心的经营效果。另外，在现阶段，由于国内厂商和服务商资源比较有限，品牌数量不足，可供选择的余地很小，如果定位不准，不能将休闲理念突显出来，必然导致购物中心运营的失败。

第二节 美国购物中心的经验和借鉴

一、美国购物中心的发展及转型

（一）美国购物中心发展回顾及现状

20世纪20年代，现代型的购物中心开始在西方国家出现。美国的购物中心相对来说是发展得比较早、比较成熟的国家。美国经过了几十年的发展，到1964年美国已经拥有7600家购物中心。到1972年，这个数字几乎翻了一番达到了13174家。1980年至1990年，20年间有16000家购物中心诞生，平均每年建造800家购物中心。进入21世纪之后，由于受到了经济震荡与低迷的影响，购物中心的发展速度开始减缓。2010年购物中心的数量只比2009年的高出259家，远远低于20世纪的增长水平。根据数据显示，截至2011年5月，美国共有106752家购物中心。（ICSC国际购物中心协会）如图4-2所示。

图4-2 美国购物中心（Shopping Center）组成图及2011年各购物中心数量

（资料来源：ICSC，和君咨询整理）

购物中心发展的趋势，一直都是随着社会的发展而变化的。目前，美国98.6%的购物中心都是开放式的购物中心（Open - Air Center）。从过去封闭式购物中心（Enclosed Mall）走向大型折价式的强销型购物中心（Power Center），再发展至现在流行的开放式、露天型的生活方式购物中心（Lifestyle Center），这种混合了餐饮、娱乐与精品店甚至电影院的组合，取代了传统百货公司的主力店组合。目前此形式的购物中心发展快速，也反映了零售市场求新求变的趋势。截至2011年5月，此类购物中心在美国有416家。

（二）美国购物中心发展的背景

美国式购物中心建成之初，公路网发达，汽车占有量全球第一，国民也非常富足。美国人从一开始去购物中心就是在追求一种体验，甚至开车去购物中心的路途也是一种享受。可以说美国的购物中心是建立在汽车轮子上的。20世纪50年代，美国就建成了全球最大的公路网，在城市与城市公路网交汇的远郊地带，地价非常便宜，一个个美国式的购物中心如雨后春笋般的出现。美国式购物中心是利用了公路网、汽车和低廉的土地为当时富足的美国人提供了一种新的消费方式，是一种“想要”而非“必需”的购物消费方式。也就是说，购物中心的建立刺激着人们的消费，而不是由于人口聚居产生了消费需求从而建立新的购物中心。

与此同时，美国的大型超市和折扣店，比如沃尔玛，一般都是在城郊接合部的开阔地面上，周边被大面积的地面停车场包围。无论购物中心还是大卖场都比较扁平。美国人不太能够接受四层以上的购物中心。

而这些都与中国购物中心的发展背景大相径庭。

（三）美国购物中心的转型

美国购物中心走过近百年的发展历程。随着经济环境的变化、消费者需求的更新等因素的影响，美国购物中心也出现了转型。

美国购物中心发展模式最突出的特点就是郊区化发展，因为郊区拥有大量廉价土地，而且高速公路四通八达，加之美国汽车普及率高，城市郊区化发展明显，所以美国优先发展了郊区购物中心。但是20世纪70年代出现的石油危机，使得购物中心发展的重点开始从郊区转向城市市区。80年代之后，美国购物中心的建设就以更新改造市区内的商业设施为主，即以购物中心的模式改造旧城区，并取得了很好的成效，使购物中心成为城市一道主要的景观。

在美国购物中心，沿街/便利购物中心（Strip/Convenience Center）、邻里购物中心（Neighborhood Center）和社区购物中心（Community Center）是数量最多的三类购物中心，占比分别达到了57%、30%和8%，平均面积从13684平方英尺（约1271平方米）到195612平方英尺（约18172平方米）不等，相比其他类型的购物中心，很明显，美国大部分购物中心是小型化的。

这三类购物中心的规模大、功能齐全。不仅满足了消费者的购物需求，而且更主要的是满足休闲娱乐的需要。因此，在美国，购物中心其实代表了人们的一种生活方式。

二、美国购物中心如何经营

（一）美国摩尔购物中心（Mall of America）

美国摩尔购物中心（Mall of America）位于明尼苏达州布鲁明顿市，作为全美最大的购物娱乐中心，拥有大大小小40多家餐馆，包括在中国也能见到的麦当劳、必胜客和热带雨林餐厅。商城中央有占地面积达2.8万平方米的“史努比营”主题游乐园，还有一座由14个影厅组成的电影院和8家夜间娱乐场所。目前商城的出租率已达到了99%。根据估算，即使只在每家店呆10分钟，转遍所有的店也需要花上86个小时。同时根据相关统计，每年到这里购物的人比到迪士尼乐园、大峡谷旅游的总和还要多，年客流量达到4250万人次。如图4-3所示。

图4－3 美国摩尔购物中心内部图

1. “娱乐零售”模式的标杆

美国摩尔购物中心代表了一种新的模式：娱乐零售。整个购物中心每年要举行多达300多项的各种各样的促销和娱乐活动：有时邀请歌星来演唱；有时又由当地土著印第安人表演；有时还有艺术展览和慈善募捐活动。购物中心成为人们沟通情感、进行社交活动的重要场所之一。许多来这里逛购物中心的人，同时也都带着孩子。自然，如果有中意的商品，就会买上一两件。摩尔购物中心以全新的商业模式开创“娱乐零售”新概念。消费者在购物中心不仅仅去购物和就餐，消费者为了非购物的目的去摩尔的比重也在不断增加。

来到这里的消费者，在商城里面消耗的时间都在2小时以上。有一位女性消费者会开2个多小时车来这里购物，她说：“我喜欢这里的购物气氛。而且商店又那么多，挑选的余地很大。”逛商城对许多人来说，更多的是寻求一种体验，而不只是购物。

2. “特色服务”融入消费者生活

欢迎居民来这里晨练也是这个购物中心非常人性化的服务项目。该购物中心的营业时间没有什么特别，但他们别出心裁的是：每天早晨7点开门，欢迎附近居民来进行晨练。在商城一楼走一圈大概是1公里，人们可以一边散步，一边看看橱窗里陈列的商品。商城还专门成立了“明星步行者俱乐部”，据说，1996年的最佳步行者在这里走掉了63公斤的体重。购物中心为附近居民提供了锻炼身体的场地，和居民拉近了距离，搞好了关系，同时也为自己赢得了稳固的消费群体，做到了将特色服务融入消费者的生活中去，实现了真正的“双赢”。

3. “配套服务”到位，解决消费者后顾之忧

购物中心把安全放在了首位，训练有素的保安人员为消费者提供了安全的购物环境。商城的安全中心共有130多位保安巡逻值勤，商城内外共安装了125部闭路电视监视器24小时监控。停车场上的130个呼叫器和商城里的44部求助电话可以直接联络到安全中心，另外，商城里的116部公用电话上也都有安全中心的快速拨号键。消费者在安全问题上不会担心过多，这样他们留在购物中心的时间就会相应地变得更长，也相应增加了消费的可能性，为购物中心创造更多的营业额。

在美国摩尔购物中心，停车不会是让人头疼的问题。停车场不仅全部免费，而且车位充足，东西两个大型停车场共有12750个车位。另外，还为准妈妈和残障人士提供专用停车场。

带小孩来逛商城的人也不用担心不方便，在一层入口处的服务台，花3美元就可以租一辆童车用一天。而行动不便的人在这里交5美元的押金就可以免费租一辆轮椅。

（二）比弗利山庄（Beverly Hills）的购物中心

比弗利山庄有“全世界最尊贵住宅区”的称号，是洛杉矶市内最有名的城中城，这里有着全球最高档的商业街，也云集了好莱坞影星们的众多豪宅，同样还作为世界影坛的圣地。比弗利山庄每年都会吸引无数来自世界各地的观光客，好奇地在大街小巷探索。

这样的地方，自然少不了让客流连忘返的购物中心。

1. Rodeo Drive

比佛利山庄的Rodeo Drive购物中心拥有顶级的设计师、最昂贵的商店，当然，还有好莱坞大明星们的光顾，无疑代表了美国时装的精华所在。Rodeo Drive靠近Beverly Wilshire Hotel，来自意大利、法国、西班牙等

地的各国名牌商家在这条小街上都有他们的精品屋。1928 年，当一群好莱坞巨星在这里庆贺开幕典礼的时候，Rodeo's 的物品已然是全世界名流富贾、明星们首选的购物天堂。如图 4－4 所示。

图 4－4 Rodeo Drive

来自世界各地的游客们纷纷踏至而来，在由圆形鹅卵石和磨光的大理石铺设的三条街道上，体验好莱坞巨星们的生活方式，感受他们的富有和知名。

Rodeo Drive 拥有举不胜举的名牌，包括最高级的珠宝、内衣和成衣。Armani，Gucci，Christian Dior，Coco Channel，Ralph Lauren，Prada，Louis Vuitton，Tiffany，Neiman Marcus，Saks Fifth Avenue，Yves Saint Laurent 等世界奢侈品品牌，你都可以找到。而事实上，这里全世界最高消费的地方是 Bijan，通常一位典型的消费者就可以在男士精品时装上花费数十万美金。

2. 比佛利购物中心（The Beverly Center）

该购物中心处于洛杉矶西部，在比佛利山庄和好莱坞之间。有超过 160 个品牌商店，包括雨果·波士（Hugo Boss），迪奥，寇兹（Coach）和迪赛（Diesel）。两个主要的商店是梅西百货（Macy's）和布明黛尔（Bloomingdale's）。可以通过客户服务要求西班牙语和日语外语导购和翻译。该中心还提供特殊的旅游促销活动，包括酒店穿梭巴士服务，时尚顾问，水疗套餐和餐饮折扣等。

洛杉矶著名的购物中心还有南海岸广场、好莱坞和高地购物区、德尔·阿莫购物中心、圣莫尼卡广场、幽谷拱廊商场等。如图 4－5 所示。

图4-5　比佛利购物中心

3. 高端购物中心的标杆

比佛利山庄的购物中心可作为高端购物中心学习的典范。依靠洛杉矶好莱坞的名气，汇聚了旺盛的人气，再加上良好的经营理念，使得全世界的游客们蜂拥而至。

旅游购物配套设施完备：比佛利山庄的旅游配套设施完备，为游客提供了无限的便利；**周全的服务：**多语种导购服务、交通服务、商业活动信息提供服务、免费停车服务等；**完美的购物体验：**购物中心将艺术与商业完美的融合起来，大大增强了消费者的购物体验；**奢华生活诉求的达成：**比佛利购物山庄的购物中心，充分满足了人们对于奢华生活追求的愿望，在Rodeo Drive有一句名言，“不要问价格，问了意味着你买不起”。

总之可以说，无论是从赢利、规模，还是从创意来说，美国摩尔购物中心都已经达到了一个“顶峰”；而比佛利山庄众多的奢华购物中心，则是奢华典范的代表。

近年，美国购物中心的建设速度开始放缓，部分购物中心经营状况不良，收入问题是发展停滞不前的主要原因。未来美国购物中心还将把高科技应用到娱乐中去，给消费者带来更加新奇的生活体验。

零售：
把客流变成购买力

三、对中国购物中心的借鉴

（一）不同城市不同定位

毫无疑问，我国购物中心已步入调整的高峰期。一二线城市购物中心要注重对运营能力的建设，要以消费需求为先导，明确定位；而三线以下城市的购物中心开发不能头脑过热，须审时度势。

一二线城市购物中心的增长动力，将逐渐从注重开发进入注重商业运营和零售渠道功能的时期。购物中心的开发者和运营者正在商业定位、业态组合、经营和管理模式等方面进行调整，以适应购物中心的发展规律和消费需求的变化。

三四线城市的购物中心由于市场相对没有一二线城市饱和，所以商业地产开发商不断进入。正如前面所述，购物中心数量要同消费需求相匹配，逐步消化已经建好的购物中心，不能盲目地再建造已经过剩的购物中心。

（二）都市型购物中心到社区型购物中心

据统计，社区型购物中心在全国的购物中心总量中占比已达一半以上。中国购物中心发展空间还很大，有超过50%的消费者需要去购物中心购物。随着经济发展和地域化的扩大，交通和便利性将逐渐被消费者纳入时间成本的计算，越来越多的消费者需要在周边的几公里可以到达、并能提供方便购物的社区类购物中心购物和消费。因此，从都市型购物中心逐渐发展为社区型购物中心将成为新的趋势。

（三）精准定位，增加餐饮、娱乐等服务

购物中心要不断地完善对客户的精准定位，吸引目标客户，做好建筑设计、品类管理、差异化品牌管理等工作。越来越精细化的定位，将会大力吸引具有相同品位的消费者前来购物消费；否则，购物中心就只会成为

外表鲜亮的“大杂货铺”。

另一方面，很久以来，业内普遍认同购物、餐饮、娱乐各为5：2：3的业态配比。然而，这个比例正被逐渐打破，购物、餐饮、娱乐并驾齐驱的配比并不少见。随着商业的发展，消费者越来越重视购物的体验，观影、吃饭、KTV等已成为消费者光顾购物中心的日常消费项目。人们需要通过娱乐活动，完成沟通情感、社会交际、休闲放松等诉求，从而在日益快节奏中的生活中得到暂时的放松和愉悦。

中国购物中心的发展时间还比较短，但发展速度过快，必定会出现诸多问题。中国的购物中心已经开始进行转型与升级。相信在实体店被电子商务严重冲击的今天，购物中心能够凭借其巨大的优势，将人们再次吸引到实体店中去购物、去娱乐、去实现他们的生活目标。

第三节　社区型购物中心：抓住社区客户的心

近几年来，购物中心的发展进入大爆发阶段。如今繁华商圈的购物中心已近饱和，中国的购物中心已经从一味追求大体量、超广辐射面和高端时尚路线，转而向区域型和社区型购物中心演变。

业内人士指出，社区型购物中心是未来发展的重点，是未来成长潜力最好的。从消费频率上，社区型购物中心是日常生活离不开的，在中国区域型、都市型的购物中心都已经在接近市场饱和的状态下，从2012年开始，更多的机会是来自社区型的购物中心。

和都市购物中心不同的是，社区型购物中心有自己属地化的消费人群，其主要消费对象是辐射周边3~5公里的消费者，满足他们在吃喝玩乐、购物休闲、餐饮亲情沟通等方面的需求。针对这些消费人群，社区型购物中心必须推出自己独特的营销活动和服务方式。例如，通常社区类购物中心不会引进高端品牌和高客单价品牌，商品品牌的组合相对亲民化，贴近生活的品类占比较大，客单价也不会过高。

但是，很多社区型购物中心都是按照区域型、都市型购物中心操作理念进行的，并没有按照服务社区的理念来做，导致社区型购物中心的角色功能作用还非常小，把“社区型购物中心”的概念泛化了。社区型购物一定要强调配套性功能，一种是居住区的配套，另一种是商务区的配套。居住区购物中心更体现社区居民的生活，商务区购物中心更体现商务人群的交流，在品牌组合上分别满足这两类购物中心人群的需求。

社区型购物是服务于属地化消费人群的，需要充分发挥服务的有效性。那么，社区型购物中心应该怎样开展独特的“黏客性”营销活动？

一、社区型购物中心发展状况

社区型购物中心是购物中心业态竞争高度饱和后业态升级细分出来的类型，而从零售行业的本质——经营客流来看：社区型购物中心是为了专属满足某一特定社区居民消费需求而产生的业态类型。

近几年，很多社区商业并没有按照服务型的社区购物中心理念做，都是按照区域型、都市型的购物中心操作理念来布局和招商的。目前在这个发展过程中，商业地产业主们将社区型购物中心的概念炒作得过多，但真正成形的却没有几个。根据笔者的调研观察，在北上广深还没有特别可以称得上标杆性质的社区型购物中心概念的个案。

购物中心社区化是未来城市化升级的商业发展的主流方向。在发达国家，一个成熟的都市，区域性的购物中心和社区型的购物中心的数量比应该是1∶3甚至是1∶4。从这个角度来说，中国社区购物中心还仅仅刚刚开始起步。

同时，中国市场还有一些特殊情况，由于中国零售市场的成熟度以及不同地理位置、人口、面积等因素，社区型购物中心的概念不可能划分得非常细致。有的社区型购物中心因为拥有相当体量的面积并且周边的竞争环境严重不足，使其足以形成区域购物中心的影响力，甚至拥有创造出一个崭新的商圈的吸引力（中国一二线城市的副商业中心几乎都是这样形成的）。因此，该购物中心可以介乎于次区域中心与超社区中心之间，这也算是中国独有的分类特点。

整体来看，中国的社区购物中心还处在发展早期，属于有其名无其实阶段，大量的社区购物中心呈现的是都市购物中心的同质化特点。但随着城市化进程的升级，作为社区服务的重要组成，社区型购物中心的发展会进入到发展的快速道。

二、社区型购物中心与区域型都市购物中心的区别

据国外权威机构调研：所谓社区型购物中心是指在城市的区域商业中心建立的、建筑面积在5万平方米以内的主要服务与本地区的居民开展日常生活所需的购物中心。商圈服务半径为5～10公里，有20～40个租赁店，包括大型综合超市、专业店、专卖店、饮食服务及其他店，停车位300～500个，各个租赁店独立开展经营活动，使用各自的信息系统。

社区型购物中心与区域型、都市购物中心的区别具体如下。

（一）整体运营实体区别

社区型购物中心在整体运营规模、业态分布、品牌招商定位等方面有着很多区别：

1. 经营规模不同：在美国这样零售业发展成熟的国家，区域性的购物中心规模面积一般在4万～20万平方米左右，社区型购物中心的经营面积常规在1万～4万平方米左右。经营规模和辐射半径与经营人群的掌控力相关，社区型购物中心由于其服务社区的强大属性，规模一般都不会很大。

2. 主力业态不同：在社区型购物中心里，作为和社区百姓生活最贴近的业态——大卖场是当仁不让的主力业态，而区域性的购物中心主力业态

则是体现出商圈特征的百货店。例如，朝阳大悦城一直定位自己为朝北社区购物中心。永旺百货在进行撤租调整的时候，依旧留下永旺超市作为社区店的重要主力。

3. 品牌档次和客单价都不同：通常社区类购物中心不会定位高端客层人群，自然也不会引进高客单价品牌，这类购物中心的商品品牌的组合相对亲民化，贴近生活的品类占比较大，客单价也不会过高。而都市类的购物中心更倾向与区域有影响力的大品牌，一般随着档次的提升，客单价也会不断提升。

（二）服务体系区别

社区型购物一定要强调社区配套性功能，一种是居住区的配套，另一种是商务区的配套。居住区购物中心更突出产品和服务类别是体现社区人民的生活便利度，商务区购物中心更突出商务人群的交流便捷性，在品牌组合上分别满足这两类购物中心人群的需求，同时，从品类上来看餐饮比例会比较高。都市购物中心更看重服务的全面性和综合性，强调任何人群能够在这里实现一站式产品购买服务。同时，区域性的都市购物中心作为全家人一天的生活居所，服务的内容中会增加很多娱乐类别的产品服务，比如电影院、KTV、小剧院等。

基于这些趋势就不难发现，如果想成为有影响力的社区型购物中心就应该做出社区购物中心的独有味道，就更应该走进社区老百姓的心里面，真正地与同质化很高的都市购物中心的业态布局进行区别，提供与社区百姓真实需求所对应的有效供给。

三、如何做好有针对性的产品与服务

为了更好地突出社区购物中心的特色，提升社区百姓的便利性感受，就要增强有针对性的社区营销策划，有针对性地打造特有的社区百货品牌服务，同时充当好加强社区邻里沟通的良好平台。

（一）以社区居民需求为先导做出特色品牌营销口碑形象

社区型购物中心最主要的是满足本社区人群的消费需求，根据他们的需求有针对性地进行品牌引进和体验式营销活动。逐渐形成社区型购物中心独有的特色，在满足客户需求的过程中加强了购物中心的专业化细分服务能力，突出了购物中心的独有特色，也锻造了独有的市场号召力。

中国台湾地区的零售业发展得相对比较成熟，很多社区型购物中心针对社区做的产品和体验营销服务都很有特色，值得零售经营者借鉴。

台中有家社区购物中心叫 modemall，早期是一家社区百货店，后因经营不善进行了社区型购物中心重新定位，经过设计定位为服务火车站周边流动性较大的年轻潮流社区购物中心。该购物中心的品牌定位与营销活动完全是为了该区域周边年轻人而设计的，他们喜欢个性化的装扮，会大量使用彩妆，该购物中心会拿出整整半层专门引进非常细分的彩妆品牌。例如，具备保养概念的粉底小众品牌“xantia”，具备健康彩妆理念的“森田药妆”，韩国的第一彩妆品牌“CANDY SHOP”等。并且通过商场经常举办的明星走秀和彩妆课堂，手把手地教这些年轻女孩子如何健康又美丽，这些小众品牌对彩妆的各个环节进行了有效的互补，极大地满足了周边年轻人的个性美的需求。这些社区专属性的购物体验与简单地引进的高端的“植村秀”和中端的“美宝莲”的品牌购物中心相比，形成的巨大的体验反差。此外 modemall 为了方便社区年轻人很随性的消费需求特点，将电影院从 11 层调整到了 3 ~4 层，极大地方便了消费者逛累了就去电影院坐坐，将各类的餐厅有效地分布在 1 ~3 层的边厅上，做到层层有休闲、有美食。

北京朝阳门附近的悠唐购物中心刚开始一直经营得不温不火，最近一年进行的全方位的升级也是深谙周边商务社区内的白领商务人士的真实需求，着力转型为“都市白领的悠活天地”的社区购物中心。升级前，悠唐进行细致调研，发现主要客户群为 22 ~35 岁的都市白领，虽然他们平时工作繁忙、压力大，但对日常工作、生活、学习的消费需求相当旺盛，这是他们减压、放松最有效的方式之一。例如美容健身、学习充电、朋友小聚、浪漫约会等。于是悠唐增加了为城市白领提供的各类需求服务的多元化业态，如：兰瑜伽会所、法国安杰玛国际SPA会所、佳丽美甲、Dimple美发以及围绕年轻白领喜爱的各类设施等，为该区域的都市白领呈现最全方位的衣食住行学玩等商业配套功能，进一步强化了新悠唐购物的白领主题性定位和购物的体验性。

（二）加大社区服务的便利性，构建和谐邻里社区生活

社区购物中心的未来归根结底是要依托如何为社区居民提供有更便利的产品和服务，这就需要我们的社区购物中心业主，更细致地发现社区居民的真实生活和工作需要，有效的通过提供低成本的便利性服务，吸引消费者对社区购物中心产生依赖。

在北京最近新开的凯德MALL·翠微路社区购物中心就在社区的便利服务上下足了功夫。经过有效的社区周边居民的调研，经营者发现，交通工具管理是非常重要的便民措施，很多周边社区消费者会考虑使用自行车、摩托车作为短途出行的工具，于是凯德MALL就特别设有专门的自行车和摩托车停放点给消费者，还配备专门的人员管理和看护，充分考虑到了运用各种交通工具的消费者，极大地方便了周边的百姓的日常购物出行。此外，为了便于周边的消费者的大宗购物，凯德MALL·翠微路店将连接地下超市和地面的地方进行了很多坡梯设计的改造，极大的方便消费者把购买的商品直接运送到交通工具附近。

龙湖地产在进行新盘开发的时候，及早地考虑到了社区居民的生活和工作的便利性，推出了特有的“邻里生活中心”型社区购物中心，极大地满足了生活的各方面需求。龙湖嘉定新城项目的邻里生活中心使用面积1.5万平方米，整个邻里中心的设计完美地结合了社区商业和社区公共服

务的双重功能，风格鲜明，功能完善而富于人性化。其邻里社区的业态定位招商涵盖了超市、便利店、健身中心、邮局、菜市场、居委会、社区医疗站、老年日托等诸多功能，建成之后将成为服务于一个片区的商业及公共服务中心。在这样的邻里中心式的社区购物中心里，社区居民彻底的感受到了便利和兴奋。

中国的社区购物中心发展才刚刚开始。未来，对于中国的很多社区，如果能有一个便利的社区型购物中心，将极大提升整个社区的品质和软实力。社区购物中心的发展更多地取决于企业对本地老百姓的了解程度，俯下身读懂消费者，用心去构建适合企业发展的产品和服务体系，社区购物中心才会在零售业升级的过程中拥有未来！

第四节　如何打造真正的奥特莱斯

中国消费者对于国际一线品牌的热情令奥特莱斯如雨后春笋般在全国范围内遍地开花，上海、杭州、北京等多个城市涌现出一批又一批的品牌折扣店，奥特莱斯业态已成为不少开发商眼中的香饽饽。“名牌+折扣”这一在欧美已发展相当成熟的奥特莱斯（Outlets）名牌折扣店业态，进入中国还不到10年，就已经发展成为与百货、超市、购物中心一起四分零售业天下的业态，并逐渐形成了一股投资热潮。据悉，目前在国内开业和在建的奥特莱斯目前已超过200家，打着奥特莱斯旗号的超过400家。

但是，多数奥特莱斯店经营并不如人意。奥特莱斯这一业态在中国的泛滥使得这一购物中心成为一个缺乏文化内涵的普通尾货市场。国际品牌企业为了不使品牌形象受到影响而不愿意进入，使得原本就紧张的名品货源雪上加霜，很多店内多是些二三线品牌和过季商品，并不是真正意义上名牌折店，九成以上是“山寨版”。

奥特莱斯模式受青睐的原因之一便是可以用到大幅折扣价格买到驰名国际的品牌和产品。国外的奥特莱斯不仅销售名牌过季、断码等尾货产品，也有专为其生产的“工厂货”，这使得其货源得到了保证。而国内的众多名牌折扣店缺乏一线品牌的支持，沦为百货商场清理过季商品的场所。也有些奥特莱斯并非直接与国际品牌合作，而是通过团队去欧美市场买货的方式进货，这样很可能导致货品品类短缺，难以引起消费者持续性的购买。

同时，奥特莱斯也要改变曲高和寡的窘状，瞄准需求人群，细分市场，增加各层次品牌招商，根据消费人群设置不同的消费区域，从而满足各类人群。

中国的奥特莱斯虽然在数量上已经形成了相当的经营规模，但这一业态要得到长足发展，还要在多方面进行改进。未来，中国经济仍将持续发展，迅速扩大的中产阶级、日渐成熟的零售市场和逐渐丰富的国际品牌，将成为奥特莱斯成长的肥沃土壤。那么，企业如何打造真正的奥特莱斯业态，为消费者带去更为丰富的购物体验呢？

一、国内为什么没有真正的奥特莱斯

奥特莱斯是英文 Outlets 的中文直译，其英文原意是“出口、出路、排出口”的意思，专指由销售名牌过季、下架、断码商品的商店组成的购物场所。奥特莱斯最早诞生于美国，迄今已有近 100 多年的历史，从最早专门作为专门处理工厂尾货的“工厂直销店”到近 20 年随着该业态定位的人群不断强化，奥特莱斯从单一的商品工厂发展为商品工厂、著名品牌所有者、代理商、批发商乃至大型百货商店共同参与，集购物、休闲、餐饮与一体的大型或超大型休闲、购物中心。

中国的零售行业用了 20 年的时间走过了国外 100 年的发展历程，在业态快速衍生的变革时代，“奥特莱斯”这一业态也不断发展：从 2002 年底北京燕莎奥特莱斯购物中心的开业，也经历了近10年的发展。据不完全统计，全国共有超过400家大大小小的奥特莱斯，但是笔者这几年的跟踪调研发现，真正和美国的奥特莱斯相比，不管是盈利能力还是业态布局，都有很大的差距。那么造成这些差距的原因是什么？

（一）中国的消费环境还不能支撑大量奥特莱斯出现

西方零售业的发展研究表明，零售业态的演进具有明显的时间阶段性与发展梯度。奥特莱斯兼具购物中心和折扣店业态的双重特征，按照业态发展顺序，将在折扣店之后和购物中心之前出现，一般来说当人均GDP发展到7000美元时候，才能出现奥特莱斯这样的业态。

所以当奥特莱斯刚以燕莎奥莱的身份在北京出现的时候，那时候北京的人均GDP还没有到4000美元，所以虽然其一直保持20%左右的快速发展，但直到5年后，随着北京人的购买习惯和能力提升，盈利才渐有起色。2011年底的全国人均GDP才刚过7000多美元，显然之前的年份还不能支持奥特莱斯业态的大规模出现。

（二）高端奢侈品消费市场还在发育，未有足够支撑奥特莱斯的基础

从奥特莱斯的价值链供需两端分析，奥特莱斯业态不具备发展的良好基础。

从供给角度，奥特莱斯从一出现就是主要以帮助消化工厂库存作为使命的，按照国际常规的统计，一般一个城市的8～10个中高端百货店才能拥有足够的货品库存，可以支撑一家奥特莱斯的经营运转。但是目前中国的中高端商品市场（特别是奢侈品市场）还处于发展初期，大量品牌货品并不齐全，甚至还存在需消费者提前几个月预订的情况，显然不存在有大量中高端品牌的货品来支撑奥特莱斯业态运营的基础。

而从需求方的消费者来看，消费者的品牌意识也正在不断加强的过程中，但还远没有达到可以明确地辨析不同细分品类的不同层次商品的品牌价值的能力。但以“名品+折扣”为特征的奥特莱斯，需要它的消费群体具有较强的品牌意识。据研究表明，消费者品牌认知度越高，对奥特莱斯的发展越有利。因为一旦消费者有一定程度的品牌认知，就知道各品牌的品牌价值与优惠力度，会表现出更大的购买兴趣。但国内消费者目前大多数仅认识部分国际一线品牌，对品牌的历史与价值、商品的特色等信息了解不多，至于其他二线品牌、国际时尚潮流、商品搭配等知识就更是知道得不多。

（三）渠道代理商垄断货源，品牌参差不齐导致奥特莱斯业态模糊

能否在奥特莱斯集聚名品（特别是国际一线品牌），集聚的名品能否为消费者所认同，成为奥特莱斯业态成功的关键要素。目前我国大多数奥特莱斯项目最缺乏的就是名品聚集力和招商力。造成这一结果的根本原因是，国际名品通过品牌商、高层级的品牌代理商与批发商乃至大型百货商店等短渠道开设奥特莱斯折扣店时，对合作的业主与运营商也有较高的要求，直接导致奥特莱斯业态应有的高端品牌无法落位，落位的品牌又会因为品牌价值的良莠不齐直接影响着奥特莱斯的业态发展。这也不难理解为什么中国会没有真正的奥特莱斯，因为有很多打着奥特莱斯的名号做着为国内品牌商品的销货库存的折扣店、尾货店甚至批发中心。

（四）假借奥特莱斯之名的多种经营

由于奥特莱斯引入我国时间还不长，仍是个新事物，同时区别于常规零售业态。其规模大和吸纳人员就业能力强等特点，使得地方政府、商贸流通企业、地产开发商、消费者等社会成员对该事物都表现出了极大的兴趣，这为某些以奥特莱斯之名开展其他经营活动的地产商创造了机会：很多地方政府出于拉动地方经济、推动城市化进程等动机，积极引进奥特莱斯项目，但很多投资者往往以奥特莱斯作为“噱头”，用较低的成本“圈”下几千亩土地后，运作商业地产。例如，采取化整为零的方式，分割出售商铺；小部分地块运作以奥特莱斯为名的商业项目，其他大部分运作住

宅、办公等房地产项目；更有甚者，拍下土地后，完全改变土地用途。而据笔者在国外的调研，美国最大的 Woodbury Commons 奥特莱斯面积通常不超过9万平方米。

而我国已有的以奥特莱特为名的近300个项目中，有很大比例的项目是假借奥特莱斯之名开展其他经营活动。这些不良现象对奥特莱斯的声誉及在我国的发展将产生严重的负面影响。

正是这些原因的共同的作用下导致国内很多奥特莱斯项目因为没有进行深入的市场调研和自身资源能力的分析，仓促上马后始终受货源短缺、客源不足等问题困扰，最终难逃惨淡经营，甚至关门停业的结局。

二、国外奥特莱斯业态的成功经验

奥特莱斯作为国外很流行的一种业态，我们应该从国外的成功的奥特莱斯运营商身上学到一些经验。

（一）奥特莱斯模式的典型数据特征

综合国际购物中心协会（ICSC）及国际知名奥特莱斯运营商的相关资料，奥特莱斯与其他业态相比有以下几方面特征。

1. 以销售下架、过季及断码的中高端品牌服饰商品为主，有些甚至是品牌工厂为奥特莱斯专门生产的特殊产品，同样品牌商品的价格比同城市核心商圈的正价商品至少低40%～60%，一些大型的奥特莱斯在特别节日期间还会有更低的折扣；

2. 品牌运营模式以厂家直销为主，其直销服饰专业店铺占购物中心总店铺数和店铺面积的50%以上，其运营方是有较强商业运营背景的商业地产开发商，如：西蒙地产等；

3. 选址地点一般在距离城市市中心1～2小时路程；

4. 商圈半径约为60～100公里，年度来客目标设定为200万人次以上，在零售业发达的美国等地，一个奥特莱斯卖场往往能辐射一个城市中的数十万人口；

5. 整体建筑面积要大于 5 万平方米，其中可出租面积在 2 万平方米以上；

6. 通过准确的品牌层次定位，以多元化的建筑空间、统一气质的店铺设计、合理完整的街道布景设计和能唤起购物者流动起来的各类活动，营造出舒适的购物和休闲娱乐环境，成为人们购物与休闲娱乐相结合的场所。

（二）奥特莱斯现已是一个综合的购物中心业态

国际上奥特莱斯物业形态一般有庄园式、城堡式、大卖场和百货式。随着消费者需求的不断升级，越来越多的消费者希望能够在外部环境优美宁静和内部消费场所典雅温馨的环境中进行舒适的购物，卖场和百货式的奥特莱斯逐渐退出了主流舞台，而以美国为代表的庄园式和欧洲为代表的城堡式逐渐成为新奥特莱斯建设的首选模式。

在国际购物中心协会（ICSC）的购物中心分类中也证明了这一趋势，奥特莱斯中心（Outlet Center）已正式被列为购物中心类型之一，这标志奥特莱斯已不仅仅作为一个独立的业态，而是已经成为整合各种零售业态的超业态平台：在这个平台上奥特莱斯可以满足消费者购物、娱乐、聚会等多种需求。

通过对国外的奥特莱斯的分析，我们可以清晰的勾勒出一个完整而成功的奥特莱斯运营模式，正是拥有了这样的良好的设计规划与运营机制，才创造了奥特莱斯的经营佳绩。

三、练好内功提升购物体验，打造真正的奥特莱斯

虽然目前的奥特莱斯业态在中国发展得并不顺利，但在 10 年的发展过程中，这个朝阳产业不断焕发出强劲的增长态势，还是产生出一些值得学习借鉴的本土奥特莱斯的标杆，例如，不断调整、快速发展的北京燕莎奥

特莱斯，北京赛特奥特莱斯，仅用半年就实现盈利的上海青浦奥特莱斯，虽然开业不久但品类定位和招商都非常出色的海印又一城奥特莱斯项目等。这些标杆企业通过综合能力的展现打造强势的购物体验，引领着中国奥特莱斯的业态升级与变革，带给我们一个个借鉴与启示：

（一）精准定位目标人群，着力打造适应人群的购物体验环境

任何一种业态都需要明确自己的定位：要确定目标消费群体，了解其消费特征和消费心理。在欧美，奥特莱斯是区别于名品正规店而独立存在的一种商业形态，有明确的市场定位。奥特莱斯属于购物中心的范畴，其定位是收入较高、品牌意识较强、对品牌认知度、忠诚度较高的中产阶级。这个阶层的消费者既向往更高的生活方式和生活质量，但又未摆脱对价格敏感的消费习惯，而且往往富有攀比心理。以美国为例，奥特莱斯的定位人群多为相对富裕的中产阶级，这其中58%为女性，平均年龄为43岁，27%以上有大专以上学历，74%以上拥有独栋房屋，66%有财产性收入。但在中国，大多奥特莱斯是提供名品折扣的一种折扣百货店，其定位是正在成为中产阶层的普通大众：因为真正高收入的消费群体倾向于到大百货公司专柜购买，并不为折扣所吸引。而我国存在大量对价格比较敏感的尚不成熟的中产阶层，他们将来会成为奥特莱斯的主力购买人群。

作为奥特莱斯最主要的消费人群——中产阶层，特别是随着其消费水平的不断提高，购物不再是单纯意义上的逛街消费。消费和休闲相结合的体验式购物环境成为奥特莱斯吸引消费者的重要策略。我国各地的奥特莱斯，风格各异。上海青浦的美洲庄园式奥特莱斯，两至三层的小洋楼点缀其间，集聚国际品牌优势；上海美兰湖奥特莱斯则还原了瑞典最古老的小镇，拥有丰富藏品的美兰湖艺术展览中心、形态逼真的鳄鱼山、大型仿古海盗船等多种业态资源，让消费者流连忘返。优雅的环境和细致的服务，为中国消费者带来前所未有的购物体验。

作为购物中心业态的一个主力分支，奥特莱斯需要通过多业态的充分组合，结合合理的品牌和环境布局，持续地吸引不断增长的中产阶级进行

购物体验。

（二）加强品牌管理，树立购物中心品牌信誉

与传统商场相比，奥特莱斯销售的商品更为经济实惠；与批发类卖场相比，奥特莱斯销售的商品更为正规；与尾货类卖场相比，奥特莱斯销售的商品更具档次。奥特莱斯只有依托品牌效应，并给出较大折扣，才能不断发展。**“实惠”“正规”“档次”这三个奥特莱斯成功的核心要素，**直接要求奥特莱斯的经营要以自身品牌信誉为重，并且不断引入有竞争力的高端品牌来强化奥特莱斯的市场口碑。因为奥特莱斯的目标客户群是不断升级的中产阶级，其在我国人口基数大，且对品牌的认知程度日益提高，特别是考虑到中国市场相对不完善的这一现状，为培养忠实客户就必须先赢得消费者的信任，让他们相信奥特莱斯销售的是货真价实的名牌。为此就必须要求奥特莱斯的经营者持续把商品品牌招商和管理工作摆在所有运营的最重要的位置。北京燕莎奥特莱斯从开办之初起就通过严把品牌质量关，并且不断通过品牌调整来确保符合奥特莱斯的品牌及时落位，有效的通过不同高端品牌的持续引进，不断巩固和壮大中高端客户群，同后来的大批模仿者相比，在实力上形成有效的竞争区隔。

（三）加强对货品的掌控力度，练好销售内功，提高消费者的满意度

奥特莱斯的核心竞争力来自价格优势与高端品牌招商，消费者的购买满意度直接来自于在奥特莱斯是否能够购以低于自己内心期待的价格买到自己喜欢的品牌，这就要求尽可能地与品牌厂商建立良好的合作关系，尽可能地减少中间环节，降低成本。

面对外国品牌的不信任，国内年轻的奥特莱斯的运营商们必须采取变通的招商政策和更加灵活的店铺管理。例如，国内一些成熟的奥特莱斯，在不影响整个商场管理的前提下，给予进驻品牌更大的自主管理权利；采用租赁、买断、代销、寄售、联销多种灵活的招商政策；建立良好的品牌形象，赢得与供应商长久、稳定的支持。

练好内功对经营奥特莱斯有着至关重要的作用。北京燕莎与上海青浦奥特莱斯的运营实践表明：成功的奥特莱斯项目对业主与运营商的运作经验、货源整合能力、品牌影响力、供应链管理或消费者召唤力等方面都有较高的要求，否则就无法集聚足够的国际一线品牌，无法保证持续、足量的货源。

同时，由于国内消费者正处在消费升级过程中，在此期间他们对一些细分国际品牌了解有限，一般在进行差异化经营的奥特莱斯里，会使消费者（特别是二三线城市的消费者）迷失在数百个并不熟悉的品牌中，进而产生对品牌的认知错位：感觉很多国际品牌打完折后仍然还很贵。因此，有必要通过训练有素的高素质销售人员，为消费者提供专业级的导购与服务；或通过其他形式，向消费者传递品牌信息，增进消费者的品牌认知。笔者曾经在一些盈利比较好的奥特莱斯调研时发现，其展厅有大量的品牌销售人员，同时销售小姐会耐心地为你讲解品牌的历程和主打经典品类的款式创作过程，极大地增强了购物的体验感，促进了消费的达成。

（四）与国际知名奥特莱斯运营商合作，促进全方位购物体验升级

由于奥特莱斯进入我国的时间较短，缺少拥有本土运营的成熟经验的管理人才，大量的奥特莱斯运营商需要不断地学习与探索中缓慢发展。但早期国内大多数奥特莱斯发展商却倾向于组建自己的运营管理公司（或团队），或碰到具体困难时向专业咨询公司寻求短期支援，在雇佣专业人员或者与专业运营团队合作方面意愿并不高。因此，在摸着石头过河的探索过程难免会交些代价不菲的学费，难免会出现“山寨”发达国家奥特莱斯的现象。“重硬（硬实力）轻软（软实力）”“照猫画虎”产生的结果很有可能是“形似而神不似”。虽然国内奥特莱斯在建筑规划、停车场设计、环境绿化、餐饮和洗手间等基本硬件方面与国际接轨了，但在品牌招商、租约设定、功能布局、动线规划、营销策划与服务提升等方面还有较长的路要走。

为了有效弥补这方面的不足，笔者经过研究发现，国内很多成功的奥

特莱斯背后都有国际奥特莱斯巨头的影。例如，上海青浦奥特莱斯，其合作方是拥有大量国际一二线品牌资源的中国香港地区九龙仓，也正是因为有了九龙仓的合作，使得青浦奥特莱斯在软硬件的建设和实施上都比同行业的运营商更容易获得成功，创造了一个又一个奇迹：在青浦这个非传统商业区，用了不到四年的时间就收回了所有投资，并且不断优化了品牌数量，从 40 余家到 300 多家，客单价也从 2007 年的 521 元上升到 2011 年的 800 元。

受中国经济环境增长的大趋势影响，自美国的西蒙地产、地平线地产集团，来自瑞士的狐狸城等专业从事奥特莱斯开发运营的发展商展露出与本地零售企业合作的积极意愿，本土奥特莱斯应该抓住这个历史机遇，在合作中不断学习与成长。

随着大量国际时尚名品的涌入，库存积压，断码、尾货等商品不可避免，奥特莱斯购物中心是时尚品牌在我国市场快速扩张的重要匹配业态。未来谁拥有优质低价的核心竞争力，谁就能够拥有更多忠实的消费者群。持续不断地通过打造差异化的国际一线品牌，以大折扣力度不断地给消费者最实惠的商品，努力打造“轻松 + 便捷”的购物体验，为消费者提供轻松、便捷的购物环境是最佳的成功路径。

第五节　“欧洲购物天堂”：麦克亚瑟·格兰购物中心

麦克亚瑟·格兰购物集团（McArthurGlen Group）是欧洲占主导地位的设计师大卖场开发商、所有人和营运商，欧洲 8 家最大的设计师大卖场都由麦克亚瑟·格兰经营。因此在欧洲，麦克亚瑟·格兰有“欧洲购物天堂”之美誉。

麦克亚瑟·格兰以经营奥特莱斯业态为主，其名品奥特莱斯均分别设在欧洲最受欢迎的旅游目的地。而这21家名品奥特莱斯中心分布于奥地利、比利时、法国、德国、希腊、意大利、荷兰和英国，在1200多家专卖店中提供600个顶尖品牌，总面积达300万平方英尺。麦克亚瑟·格兰在欧洲设计师大卖场市场中占有22%的份额。可见其雄厚的实力。麦克亚瑟·格兰能够吸引众多欧洲本土及以外的消费者的原因在哪儿呢？

一、卓越的名品，超高的折扣

麦克亚瑟·格兰集合了800多个顶级奢侈品牌，如Bottega Veneta，Burberry，Gucci，Prada，Ralph Lauren以及Paul Smith，最高折扣可达70%。亚瑟格兰（McArthurGlen）名品奥特莱斯是时尚旅游爱好者不容错过的目的地。

在荷兰鲁尔蒙德的购物中心，消费者能够享受到独特的血拼体验。在鲁尔蒙德购物中心拥有170多个设计师品牌、3至7折的优惠，在100多家店面中享受购物的乐趣。消费者完全可以沉浸在购物街舒适的氛围中，也可以在美味的餐厅中享用美食休息一下。

在鲁尔蒙德购物中心，消费者能够为自己和家人挑选到适合自己的各种品牌。从各式设计师时装品牌到鞋类、配饰、珠宝首饰和体育用品、居家服饰及各种礼品——所有这一切都将以最优惠的价格在这里呈现。

奥地利帕恩多夫购物中心（Designer Outlet Parndorf）拥有150多家店铺全年以3~7折超低价格出售600多个国际设计师品牌。中国游客不仅可免税购物，团队游客还能享受10%额外折扣优惠。奥地利的另一个麦克亚瑟·格兰购物集团旗下的购物中心——萨尔茨堡购物中心（Designer Outlet Salzburg）占地28000平方米，华丽的室内购物中心里汇聚了200多个着设计师品牌、100家时尚店铺。位于萨尔茨堡国际机场出口处，距市中心仅10分钟车程。全年各季还会举办各种促销活动和定期降价活动。

麦克亚瑟·格兰购物集团已经与全球蓝联退税服务公司——全球蓝联

（Global Blue）及 Premier Tax Free 都建立起了良好的合作关系。这意味着除了超低折扣外，包含中国等在内的非欧盟成员国的游客还可以在购物中心免税购物，让游客的出境购物之行无比超值。

麦克亚瑟·格兰购物集团还为旅游合作伙伴提供最新的增值服务优惠——特惠卡（Privilege Card），让游客在所有购物中心的商店和餐厅消费时额外获得 10% 的折扣优惠，团队游客在购物时能够节省更多。

二、不仅仅是购物，还有体验与享受

麦克亚瑟·格兰的各名品奥特莱斯除了购物，消费者还能享受到很多的精彩体验。在这里曾举办过各式各样的精彩活动，如：高尔夫周末活动，时尚夜生活，现场音乐会，流行趋势论坛以及风格指南等。消费者在名品奥特莱斯中心就能了解当前时尚发展动向。

麦克亚瑟·格兰的设施和服务都是精心准备的，旨在为挑剔的客人提供全天舒适的购物及休闲体验。为了使顾客的购物之旅更加方便、舒适，麦克亚瑟·格兰购物中心提供了一系列设施：精通多种语言的销售人员、所有商铺均可刷卡消费、自动柜员机、充足的停车位、儿童游乐园、免费无线网络、残疾人士专用通道、行李存放处和信息台，此外宠物狗和导盲犬也可入内。餐厅、咖啡厅和酒吧也为顾客精心准备了当地特色美食，不仅为身体补充能量，也能满足挑剔的味蕾。部分名品奥特莱斯还可以提供当地市区往返班车，私人导购（需要提前预约有偿服务），特别设计的儿童游乐区以及多语种服务。

在鲁尔蒙德购物中心，为了使消费者的购物之旅方便、舒适，购物中心提供了一系列设施：信息台、咖啡厅和餐厅、室内儿童乐园、婴儿换尿布台、自动柜员机和停车场。购物中心还为残疾人士专门设有通道，此外，宠物狗也可入内。

购物中心还提供了诸如以下的细心服务。

➢ 免费网络接口：顾客们可以在麦当劳、Segafredo 和 DE 咖啡厅等热点场所免费使用无线网络连接。

➢ 为残疾人士准备的设施：鲁尔蒙德购物中心设置了残疾人厕所和轮椅通道，方便残疾人士的购物。此外，中心还可免费对外借出轮椅和手推车“boobaloo”。

➢ 停车场：鲁尔蒙德购物中心拥有2650个停车位，一天的停车费仅需2欧元。

可以说，来欧洲购物，既想买到世界知名品牌，又想节省钱享受到超值的服务，麦克亚瑟·格兰旗下的各购物中心是不错的选择。也值得国内经营奥特莱斯的零售商好好学习与研究。

第六节　品牌集合店：下一个零售趋势

零售业不断向差异化方向发展，高度同质化的百货正逐渐被挤出历史舞台，而品牌集合店是否能够顺势而为，成为下一个流行业态?

近几年，我国零售终端竞争日益加剧。百货由于品牌重复率高、承租能力差、聚集客流能力下降正逐渐失去大众的关注，而品牌集合店这种在国内较新的业态则开始逐渐走入公众的视线，成为各购物中心所青睐的招商对象。

一、品牌集合店在中国发展尚不成熟

在国内市场环境尚不成熟的情况下，品牌集合店的概念还较为模糊。现阶段国内还没有出现自己的品牌集合店，大多只是雏形，但其已成为国内零售业态的发展趋势，未来将会更多地被购物中心引进。

事实上，品牌集合店并非一个全新的概念，在欧美国家已发展得较为

成熟。但在国内，品牌集合店发展相对滞后，主要原因有两个方面：

第一，国内的零售市场由于渠道商的强势经营，并不具备培养大量买手的环境，导致国内很多集合店采取的还是类似百货的联营方式，充其量只能算作面积比传统百货小一点的主题百货。这种小百货店的经营方式受限于联营渠道，发挥不出集合店应有的优势。

第二，这些集合店的品牌选择问题，对于品牌集合店来说，其所追求的是“品类丰富，品位专一”，款式有时候凌驾于品牌之上。这样的搭配虽然让国人有了许多大牌之外的选择，也享受了搭配的便利，但因本土主流消费者的消费实力还十分有限，并且大部分消费者都还处在从产品需求到消费需求的转型期。在这个转型过程中，消费者对品牌的钟情程度甚于品质和品位，还不能很快接受所谓的“陌生大牌”集合，这导致一些国际优质集合店在国内的运营并不那么顺利。但随着消费者的收入不断增加，消费层次的不断升级，可以预见的是，品牌集合店会成为国内零售业态的发展新趋势。

国内品牌集合店的分类

品牌集合店，即在一家统一名字的店面里，汇集了几个甚至几十个品牌的当季时尚新品。品牌集合店既可以是单一品类，也可以是多品类的有效组合。目前，国内市场上的品牌集合店主要分为三种：

1. 同品类集合店，即同一品类下搭配不同品牌的集合店。例如国外的一个拖鞋集合店内就会有两三百种拖鞋品牌，这类的集合店大都集中在专注某一年龄段的消费人群。

2. 多品类组合的全链条集合店，相当于一个小型购物中心，因为店里面集中了从服装、鞋到箱包、配饰等全线产品。如ROOKIE童装集合店，汇集了3～14岁儿童服装、鞋、包、挂件等多项品类，这一类集合店一般满足某一类特殊消费人群。

3. 同一个公司旗下多个品牌的组合，如百丽MAP集合店，店内整合了百丽、天美意、他她、思加图、真美诗、美丽宝等百丽公司旗下的全部品牌，这类集合店是为了满足某一集团的多人群的开拓。

目前，三种类型的品牌集合店在国内的购物中心都有涉及，但全链条性的产品集合店更普通，被认知度也更高，其细分产品类别，淡化产品品牌，且集中售卖，更符合消费者“一站式”购物的需要，集客能力最强，是品牌集合点未来主要发展方向。

二、品牌集合店在零售业中的角色

品牌集合店凭借其强大的集客能力，在我国零售业的发展中开始逐步扮演两大角色：取代百货成为购物中心新的主力店；成为集客能力相对较弱的品牌联合力量，成为吸引客群的平台。

（一）品牌集合店成为购物中心新宠

在国外，尽管购物中心也在不断蚕食单体百货的生存空间，但百货业态仍能保留一席之地，与购物中心和谐共生。究其原因，在于国外的百货店拥有自主品牌、良好的品牌组合以及自己买断的货品。如日本的伊势丹百货，很多品牌都是自己独有的，不仅拥有单体运行的资本，进驻到购物中心成为主力店后还可以丰富购物中心的品牌多样性，提升购物中心对目标客群的渗透率。反观国内，百货多采取出租场地流水扣点的“二房东”式联营运营模式，导致国内百货业商品的品牌结构、品类组合，甚至营销手段都基本雷同，进驻后并未真正提升品牌丰富度和集客能力。

相对现有的主力百货，品牌集合店的商品为买手操盘，可以保持充分的差异性，且能与购物中心的总体定位趋向一致，避免了“千店一面”的现象，有效地提升了品牌结构的丰满度。未来，购物中心的主力店可能会由三五个小型集合店组成，对购物中心来说，不仅提升客流量，租金收益也会比较高。

相对购物中心内的专卖店，集合店也具有较强的优势。据调研显示，客人在单品牌店铺逗留的时间并不长，但在集合店里，客人停留的时间是单品牌店的3倍。集合店模式能够使店内每平方米的租金压力、人员成本减少，大约比单品牌店下降15%，但是销售额却能增加很多。业内人士表示：集合店往往和购物中心追求差异的目标靠得最近，因为集合店就相当于主题区，放大了某一品牌的可选择性，并形成多个亮点，让品牌的丰富度变得更高。而产品的丰富度能让消费者在选择过程中掌握更多主动权。

天津大悦城便是一个引入品牌集合店的典范，其涵盖了高街时尚、鞋履、家居、化妆品、时尚家电等共计19家品牌集合店。包含了ZRAR、H&M、GAP、WE、MANGO、ASOBIO等品牌的高街集合店，满足年轻一族对高街快时尚品牌的需求；DEAL售卖各种品牌的高端限量版球鞋以及经典街头服饰，为广大街头文化爱好者提供最好的选择；Walker Shop则迎合大都市时尚青年生活品位，向喜欢运动的青年人身体力行地传达着生活理念；SEPHORA集合了一流的化妆品品牌，消费者还可以自由地探寻、尝试、选购各式各样的护肤、美容、沐浴、身体护理等产品……通过品牌集合店的有效组合，使得天津大悦城成了一座新兴中产阶级的品牌博物馆，为其创造一个舒舒服服的一站式购物场所。

预测未来，购物中心可能会逐渐演变成“集合店+专卖店+配套”三足鼎立的格局。集合店在其中的占比应该是40%，但这个“40%”给购物中心带来的租金收益比之前同样面积的百货店带来的租金收益将多出不止一倍，品牌集合店将在我国购物中心的升级中扮演重要角色。

（二）品牌集合店增强集客能力

集合店不仅对购物中心来讲意义重要，对于一些集客能力较弱——尤其是新进入市场的时尚品牌来说也是如此。因为集合店的出现省去了个别品牌在注册、物流、店面设计等方面的繁复工作，节约了产品进入市场的时间和成本。例如，中国香港地区时尚品牌种类繁多，设计师的国际化程度较高，但以“小而精”为特色的中国香港地区时尚品牌，在内地高端市场上难与欧美品牌竞争，以参加集合店的方式进驻内地市场是一条捷径。众多品牌选择抱团合作，有效地共享了客流，共享了专业的品牌渠道，共享了新市场的营运信息，进而增强了各自集客能力。

无独有偶，这几年集客能力正在逐步减弱的运动品牌也开始把品牌集合店作为突破困境的法宝。最近两三年，中国体育用品行业从巅峰跌至谷底。数据显示，耐克 2012 年第二财季（2012 年 9 月至 2012 年 11 月），在华销售额下跌了 11%，下跌幅度位居全球各市场之首。李宁集团的 2012 年年报显示，报告期内，公司实现营业收入 67.39 亿元，同比减少 24.5%；毛利为 25.5 亿元，同比减少 36.9%。（数据来源，各公司财务报告）

鉴于单个运动品牌的低迷表现，各大商场为了更高的利润，吸引更多的年轻消费者，决定把运动品牌的位置让位给快时尚、轻奢侈和潮牌。

目前正在试营业中的杭州西溪印象城，主力店中并没有出现耐克、阿迪达斯等运动大牌专卖店的身影，而运动品牌则打算采取扎堆抱团进入，以集合店的形式集中资源，并在店中用运动体验的直观刺激来吸引消费者。据报道，西溪印象城和杭州银泰城都将出现真正的运动品牌集合店，一家门店中将集合近 20 个运动品牌，店内增加运动体验区，特意陈设的塑胶跑道、攀岩设施，都在力图唤醒消费者的运动神经。甚至还将开出运动会所，把爱好运动、喜欢户外的人吸引到一起看球或者聚会，增加客户的黏性。

运动品牌从专卖店转入品牌集合店，不仅各品牌的营业面积缩减了，节约了租金，同时集中起来共同营造的运动氛围也增强集客能力，使其在购物中心能保有一席之地。这或许将成为运动品牌零售终端的一个重要趋势。

第七节 购物中心业态行业概况

一、购物中心业态简介

（一）购物中心定义

美国购物中心协会的定义：购物中心系由开发商规划、建设、统一管理的商业设施，拥有大型的主力店多元化商品街和宽广的停车场，能满足消费者的购买需求与日常活动的商业场所。

日本购物中心协会的定义：购物中心是由一个单位有计划地开发、拥有、管理运营的商业和各种服务设施的集合体，配备有停车场，按其选址、规模、结构，具有广泛选择性、方便性和娱乐性等特征，并提供适应消费需要的社交空间，发挥一定的城市功能。

从国际国内的定义来看，把购物中心当作一种房地产形态的是主流。实际上中国很多以购物中心为名的项目实际就是百货店或者百货店的升级版本。购物中心在中国市场的独特发展经历和国内百货店的大型化、综合化发展趋势使得其他先进市场的购物中心定义无法全然适用于中国。

中国《零售业态分类》中定义：企业有计划地开发、拥有、管理运营的各种零售业态、服务设施的集合体。

（二）购物中心业态的分类

购物中心可以按照规模、业态特色等进行分类。

1. 按照规模可以分为邻里型购物中心、社区型购物中心、区域型购物中心、超级区域型购物中心。如表4－3所示。

表4-3　按照规模分类的购物中心类型比较

类型	邻里型购物中心	社区型购物中心	区域型购物中心	超区域型购物中心
商业概念	提供便利商品或服务	提供综合商品或便利商品	综合商品，或时尚商品	与区域型类似，但品类更丰富
区位特征	居民区	大型居住区附近	不限	城市边缘或郊区
典型面积（使用面积：万平方米）	0.3~1.4	1~3.3	4~8	8+
主力店数量	1+	2+	2+	3+
主力店占总面积比重	30%~50%	40%~60%	50%~70%	50%~70%
辐射范围（公里）	4.5	4.5~9	8~24	8~40
典型主力店	超市	折扣店、超市、药店、专卖店	百货公司、折扣店、服饰专卖、大众百货	百货公司、折扣店、服饰专卖、大众百货
典型项目	美国加州 Heritage Village Center 北京棕榈泉生活广场	美国加州 Baldwin Park Marketplace 望京嘉茂购物中心	上海西郊百联 中国香港地区时代广场	上海正大广场 Mall of America、

（资料来源：ICSC国际购物中心协会）

2. 按照业态特色可以分为能量中心、奥特莱斯、生活休闲型购物中心和娱乐中心。如表4-4所示。

表4-4　按照业态特色分类的购物中心类型比较

类型	能量中心	奥特莱斯	生活方式中心	主题/娱乐中心
商业概念	多个主力店为核心，加少量小租户	工厂折扣店、品牌折扣店	院落式布局，高端全国连锁专卖，户外设置餐饮和娱乐	休闲娱乐与餐饮为主，常位于老城区，吸引旅游人群
区位特征	城市边缘或郊区为主	城市边缘或郊区	市区或郊区，临近中高收入社区	
典型面积（使用面积：万平方米）	2.5~5.5	0.5~3.6	1.5~4.5	0.8~2.5

续表

类型	能量中心	奥特莱斯	生活方式中心	主题/娱乐中心
主力店数量	3+	—	0~2	—
主力店占总面积比重	70%~90%	—	0~50%	—
辐射范围（公里）	8~15	36~100	12~16	—
典型主力店	品类杀手，如家居、折扣百货、仓储会员俱乐部、折价商店	厂商和品牌商的工厂店	大型高档专卖	餐饮、娱乐
典型项目	北京天陆购物中心 美国 Fairland Green Shopping Center	上海青浦奥特莱斯美国 Sawgrass Mill	SOLANA 蓝色港湾 美国 Atlantic Station	美国 City Place 美国 Desert Passage 上海新天地 日本 Venus Fort

（资料来源：ICSC 国际购物中心协会）

（三）购物中心业态特征

一般来说年人均 GDP 达到 2000 美元以上的地区适合发展超市，达到 3000 美元，以上的地区适合发展便利店，达到 1 万美元（65000 元）以上才适合发展购物中心。

购物中心一般具有如下几个特征：

（1）由发起者有计划地开设，实行商业型公司管理，中心内设商店管理委员会，共同开展广告宣传活动，实行统一管理。

（2）内部结构由百货商店或超级市场作为核心店，以及各类专业店、专卖店等零售业态和餐饮、娱乐设施构成。

（3）服务功能齐全，集零售、餐饮、娱乐为一体。根据销售面积，设相应规模的停车场。

（4）地址一般设在商业中心区或城乡接合部的交通枢纽交汇点。

（5）商圈根据不同经营规模、经营商品而定。

（6）设施豪华、店堂典雅、宽敞明亮，实行卖场租赁制。

（7）体验式购物，购物中心有优美的购物环境，不是一般的纯购物商场，是多元化消费模式的延伸。

二、购物中心业态发展历史

（一）世界发展历史

购物中心最先出现于美国，最早可以追溯到 1907 年。第二次世界大战后在美国得到充分发展，20 世纪 60 年代中后期才盛行于欧美发达国家。

从第一家购物中心问世，到遍及世界各国经济较发达的国家，购物中心也经历了一个发展的过程。起初购物中心还只是建立在满足人们购物与服务的功能上。20 世纪 80 年代以后，购物中心的功能逐渐从商品流通功能向休闲消费功能转移，更加突出了购物之外休闲娱乐的主题。

（二）中国购物中心发展历史

中国购物中心产业的发展相对滞后：20 世纪 80 年代中后期开始在北京、上海等大中城市出现的“购物中心”，目前已经扩展到中小城市，严格来讲属于百货店；90 年代中期，这些“购物中心”有些在百货店的基础上，将餐饮、娱乐等设施小规模引入，真正成为名副其实的购物中心。大多数规模较小，很多中国香港地区地产商在北京、上海、深圳等大城市开发了许多中国香港地区特色的购物中心，一度引领市场潮流；90 年代末期，一些城市中心 SHOPPING MALL 开始登陆上海、北京，标志着购物中心在中国的新姿态；21 世纪初，郊区 SHOPPINGMALL 的开发热潮在中国兴起，中国购物中心业进入高速发展的阶段。目前全国各地在建及开业的购物中心数量大约有 300 多个。但依然处在购物中心行业的探索期。

总体来看，购物中心在中国的发展大致经历了四个阶段，如图 4 - 6 所示。

	雏形阶段	形成阶段	发展阶段	成熟阶段
阶段特征	自发探索	主动尝试	全国狂潮	理性回归
发展动力	迫于竞争压力	新兴市场机会	高额回报诱惑	市场教训
开发主体	传统百货升级	大国企、外资	大国企、外资、地方小开发商	资金、专业实力强的大国企，外资等
开发模式	增加餐饮和娱乐的比例，传统百货的升级，本质上和购物中心是有区别的	严格按照发达国家购物中心开发模式进行，持有物业为主，以收取稳定租金和物业增值实现投资回报	产生分化，投机出现，一部分传承了形成阶段的开发理念，形成中国特色，一部分开始投机，产权式的购物中心开始盛行	购物中心发展回归理性，规划、选址、开发理念、前期规划、设计、运营管理、融资渠道
开发结果	没有影响力很大的项目出现	产生了一批具有购物中心范本的项目	导致中国的购物中心行业经营状况差别巨大	
	20世纪80年代	20世纪90年代	2000年至今	未来十年

图 4－6　我国购物中心发展历史进程图

三、购物中心业态现状

（一）规模与集中度

1. 急速增长，体量趋大，但集中度较低

2008 年以来，中国商业地产投资一直保持 15% 以上的增长态势，特别是 2010 年住宅调控政策颁布后，商业地产投资增速达到 30%，高于房地产行业平均投资增速。截至 2012 年 9 月，中国商业用房施工面积为 6 亿平方米。一般商业地产施工需要 2～3 年建成，目前在建的项目将在 2015 年左右集中释放，未来商业地产市场饱和度还将提升，竞争持续加剧。

顺应中国商业地产爆发之势，中国的购物中心也出现了爆发式的增长。《中国购物中心发展报告 2012－2013》显示：2012 年已开业购物中心 3107 家，累计建筑面积 2.2 亿平方米，平均 7 万米/个；另据购物中心产业资讯中心的统计，目前我国的购物中心面积年均增长幅度 16～40% 之间，而同期百货商场年均面积增速约为 10%～16%。开发的商业地产中，购物中心投资额占商业地产开发投资额的比例已经占到45%左右。如图4－7所示。

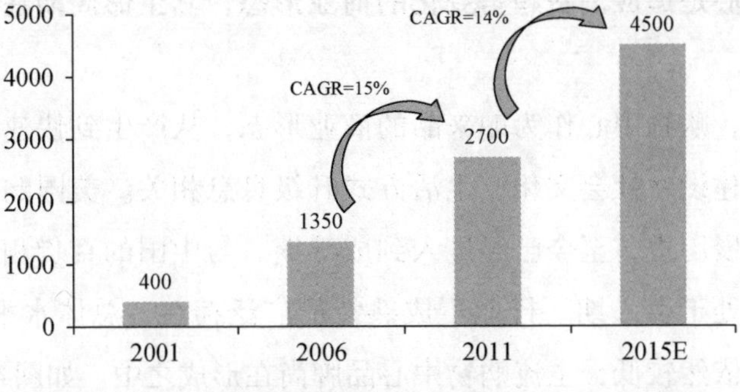

图4－7　近几年中国购物中心增长情况及未来增长趋势

（数据来源：中购联中国房地产信息集团，和君咨询分析）

但从集中度方面看，中国购物中心行业集中度依然较低。中国购物中心产业资讯中心、中购联购物中心发展委员会最新发布的《中国购物中心发展报告2012－2013》显示：按开发面积计算，排名前四位的开发商（CR4）占购物中心面积总量的比重仅为6.6%，而排名前十位的开发商（CR10）的占比也仅为10.8%，还不到12%。这与国际成熟市场相比，差距巨大。成熟市场国家，购物中心行业集中度通常在50%以上。如图4－8所示。

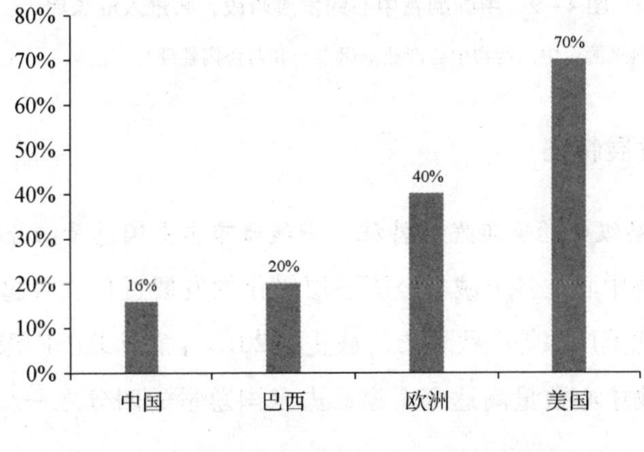

图4－8　中国购物中心集中度及与其他国家的比较

（数据来源：中国购物中心产业资讯中心，和君咨询分析）

（二）发展阶段

购物中心是适应消费趋势变化的商业形态，其生命周期在中国依然处于引入阶段。

在中国，购物中心作为舶来品的商业形态，从产生到快速发展与经济环境、城市建设、社会文化、生活方式升级息息相关。美国购物中心拥有上百年的发展历史，至今已经进入到成熟期。与中国的百货相比，中国的购物中心则处于引入期。行业不成熟特征广泛存在，总体水平参差不齐、市场集中度依然较低，主流购物中心品牌尚在形成之中。如图 4 –9 所示。

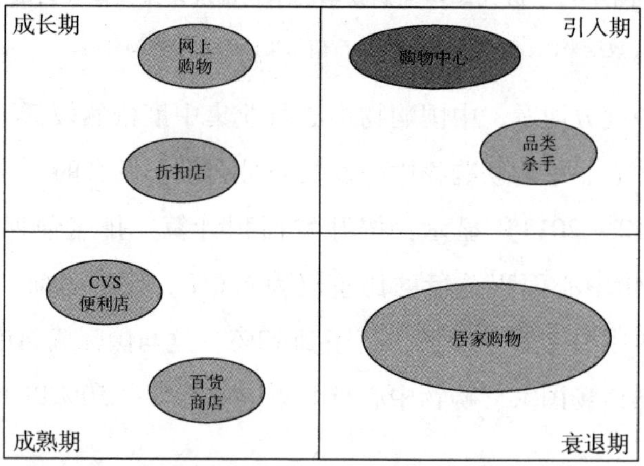

图 4 –9　中国购物中心的发展阶段，将进入成长期

（资料来源：中国购物中心产业资讯中心和君咨询整理）

（三）发展特征

1. 显现层级化的城市发展特征，一线城市占全国总量四分之一

中国购物中心在各个城市经历了层级化的发展过程，兴起和发展初期主要集中于北上广深等一线城市。截止到 2012 年底，北上广深这四个一线强城市的购物中心数量高达 821 家，占全国总量的四分之一。如图 4 – 10 所示。

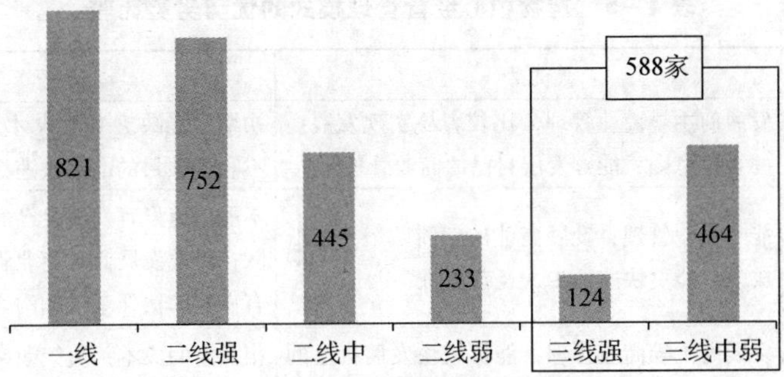

图4－10　中国购物中心数量的城市分布

（数据来源：中国购物中心产业资讯中心，和君咨询整理）

2. 呈多元化发展格局

目前阶段，中国购物中心的形式逐渐丰富，出现了购物、生活、娱乐、文化、旅游等不同主题的购物中心，呈现出多元化的发展格局。多元化表现在两方面，第一是店铺类型上的多元化，第二是个性类型上的多元化。

3. 经营管理模式与现状

目前市场上主要有三种商业管理模式，分别是自营管理模式、委托管理模式和顾问管理模式。

（1）自营管理模式：开发商自建管理团队，承担后期商业运营管理的责任。适合于有意开发连锁购物中心或多家系列购物中心的开发商。

（2）委托管理模式：开发商把购物中心后期商业管理的整块内容全权委托给商业管理公司，由管理公司自行组织，运用自身资源，按照合同确定的管理目标、要求、标准开展具体工作。

（3）顾问管理模式：发展商自建管理团队，聘请专业商业管理公司担任管理顾问，提供整套的管理流程、规章、制度，并培训、指导发展商进行商业管理工作。

每种模式各有其自身的优劣势，如表4－5所示。

表 4－5　购物中心经营管理模式的优势劣势比较

模式	优势	劣势
自营管理	发展商主导商业管理，比较容易实现发展商的管理意图；能够发展自己的商业管理团队	初期可能缺乏专业人才和操作经验；不利于项目的前期快速稳定经营。
委托管理	能专业化管理；发展商能够精简队伍，降低成本；能更快速地步入经营正轨	不能快速发育发展自己的商业管理团队；需要发展商与商业管理公司之间有良好的信任基础和沟通。
顾问管理	发展商主导商业管理；能够较快发展自己的商业管理队伍；能够快速实现商业经营的正常化。	相对高的成本；决策效率较慢，需要较长时间的磨合；管理的成效取决于双方的配合程度

中国购物中心目前仍以自建自营的管理方式为主，自建团队聘请专业

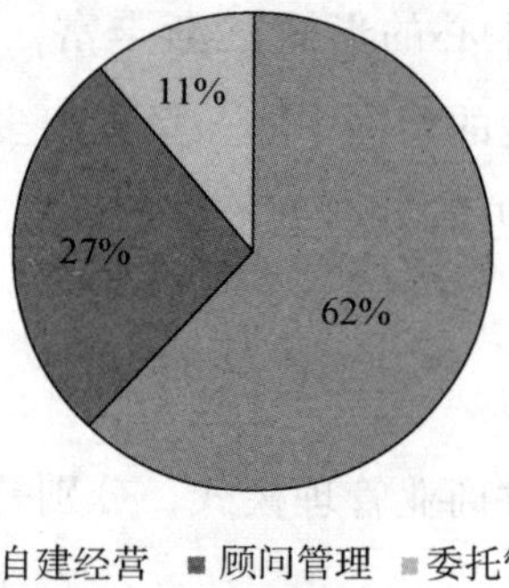

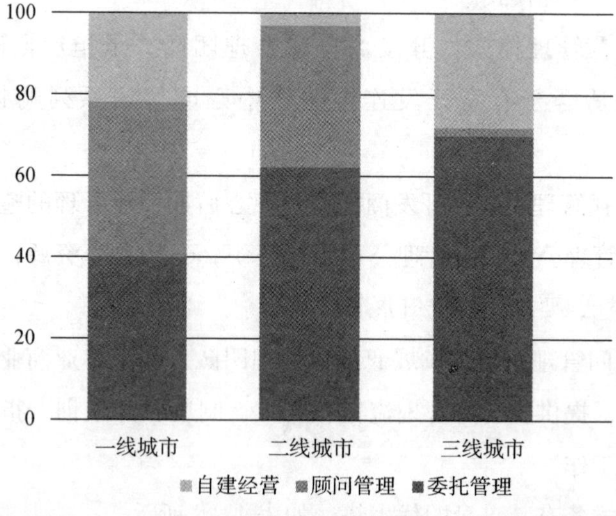

图 4－11　国内购物中心经营管理方式与一二三线城市比例

（数据来源：中国购物中心产业资讯中心，和君咨询整理）

管理公司作顾问管理的比例次之，完全委托管理的项目较少。一、二、三线城市中，自建自营的管理方式均占有最大比例，二线城市尤为突出；完全委托式管理的方式，在一线城市中已占有较大比例，二线城市最少，所占比例仅在5%以下。如图4－11所示。

（四）竞争状况

一线城市饱和，二线城市购物中心步入多极竞争与整合时代。

随着一线城市购物中心发展的成熟和二线城市的消费水平提升及各项配套逐步实现，二线城市成为购物中心开发热潮的新大陆，吸引各类开发商和零售商进驻，步入群雄逐鹿的多极竞争格局。

然而，如此大规模的购物中心供应涌入市场，必然会引起新商业物业空置率上升和对原有商业的冲击，也导致商业地产空置率步入上行阶段，行业即将进入兼并整合的重要时点。

人均商业面积是业界比较认同的判断城市商业地产是否过热的重要指标之一。在西方发达国家，核心城市的人均商业面积一般在1.2平方米左右。在中国，许多二线城市的人均商业面积已超过1.2平方米，部分城市甚至达到2～3平方米，已显现过热信号。除此之外，购物中心面临短期内项目供应量过大、企业的开发运营能力参差不齐、人才瓶颈、融资困境等多重风险。未来3～5年内，有些商业项目将不得不面对关闭、重组和被收购的命运。

第5章

从胖东来看区域企业的“软实力”

【观点摘要】

在中国，有一批区域零售巨头们，他们没有绚丽的场所，也没有太多国际大牌的进驻，但是他们都有着惊人的坪效和川流不息的客流。在他们的区域，外来的竞争对手都生存艰难，就连国际巨头也望而却步。这一切都来自于他们拥有的超高的顾客满意度以及永不停息、渴望进步的心态。

第一节　优质服务的标杆：河南胖东来

笔者专注于零售行业的管理咨询以来，接触过大大小小的企业也不少了，但还没有哪家企业能够让自己的内心有如此的感动和欣慰，在物欲横流的今天竟然还有企业可以这样卓然而立，将温暖洒向它能照到的每个角落，这种感动让我暂时放下商业的理性，回归到管理的原点——对人性的理解和把握上。

这家企业的名字叫胖东来。

一、胖东来的背景

我们先看一下它的基本背景：胖东来所在的行业，是竞争激烈的零售行业，所在区域是河南，又是行业竞争最激烈的区域之一。零售行业是最早全面开放的完全竞争行业，而在河南这样的人口大省，无数巨头早已经盘踞多年。在区域市场中，既有国际巨擘沃尔玛、家乐福，也有深耕河南十几年的台资企业丹尼斯，同时还盘踞着国内大型全国性零售企业大商集团、世纪联华等，以及数不胜数的区域单体零售企业和中小零售终端门店。

区域人口和区域消费能力决定零售行业业态发展规模和升级空间，胖东来目前开店的两个区域是典型的四五线市场，人口、面积和消费能力都有限。胖东来总部位于河南省地级市许昌。许昌市市区面积 88 平方千米（相当于北京海淀区的四分之一），市区人口 39 万人，城镇人均月收入不到 1500 元。跨区域扩张的分店位于河南新乡，新乡市市区面积 114 平方千米，市区人口 120 万，城镇人均月收入也未超过 1500 元。如

图 5－1 所示。

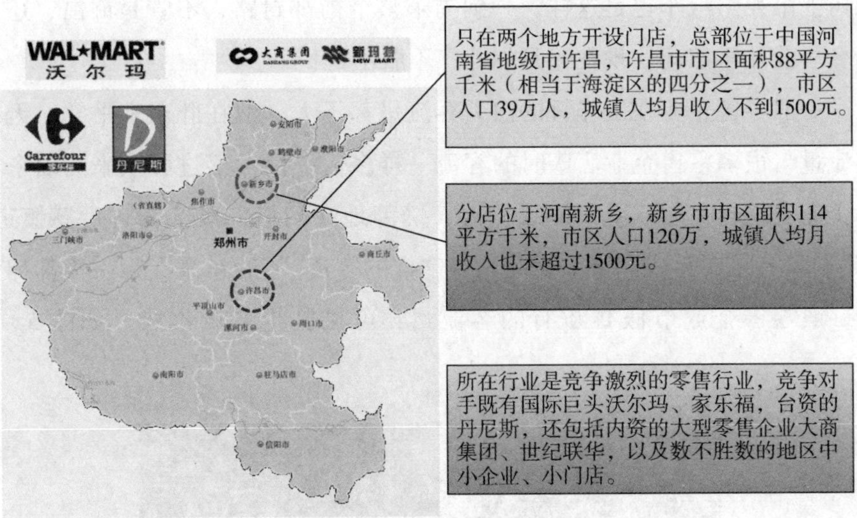

图 5－1　胖东来的竞争环境

胖东来老板于东来，只念过 7 年书，是没有任何关系、背景和资源的下岗工人。创办这家企业前身无分文，还欠着 30 万元的外债。公司高管基本上都是一同下岗的员工，文化层次很低，直到 5 年前，这家企业员工 90% 以上还都是中小学文化。

这样的经营背景和成长环境，你能想象到它的业绩吗?

事实却是，胖东来实现了超乎寻常的经营业绩。

二、令人艳羡的业绩

（一）客流量——异常红火

零售业的本质是经营客流，一个地方的客流量直接决定了零售生意的好坏。胖东来的商场里面每天人头攒动，热闹非凡。在许昌市的老百姓心中，胖东来就是当地最繁华商圈的代名词，老百姓购物心甘情愿的唯一选择。

大连大商总裁吕伟顺在考察完胖东来后感慨：“这么多年来，我没有见过像胖东来这么好的生意，方圆一公里之内都没有商店，人家就在这一棵树上吊死。汽车也是这样，一到周末整个街都封路，不管是许昌，还是新乡。前几年如此，现在还是如此，不服不行！”

一般零售企业在工作日的白天客流量都不大，但在胖东来平常一天的客流量与很多零售企业店庆时的客流一样多。一位考察过胖东来的山东零售企业老总，在周三上午刚开门时，静静地在门口伫立 5 分钟后感慨道：“我们只有在周年庆和春节期间才有这样的客流。”胖东来在每一天都拥有着一般零售企业节假日才有的客流量，可见其生意的红火。如图 5 – 2 所示。

图 5 – 2　胖东来红火的客流

（二）经营数据——强劲盈利能力

早在 2008 年，中国零售业的一份数据显示，胖东来的人均销售额、人均利润、坪效等关键核心指标在中国民营商业企业排名第一；在包括沃尔玛、家乐福、易初莲花等国际巨头在内的全国所有商业企业中，胖东来也在前十名之列（注：国际巨头由于租金低廉、采购规模、经营水平、仓储能力等原因一直是国内零售企业净利润的 2 倍以上）。更难能可贵的是胖东来从来不做大型商品促销活动，他们坚守合理的利润政策。（注：当下电商的快速扩张，对以体验营销擅长的中国零售业来说，不做促销活动几乎是不可想象的，大部分零售企业是每周搞一次促销活动。)

（三）跨区域扩张——初露峥嵘

一般来说，传统零售企业初次跨区域扩张是快速发展初期面临的最大的挑战。新进入区域将面临全新的供应商和政府关系维护以及当地盘踞多年的地方零售企业，跨区域扩张不仅仅需要成熟的管理运营经验，更如同二次创业般艰难。

2005年，当胖东来在宣布新乡第一家店选址位置（位于竞争异常激烈的新乡中原路）的时候，所有人都担心胖东来的此次扩张会以失败告终——胖东来店址正处于排名河南商业销售额第一的丹尼斯以及另一家超市“大佬”世纪联华的旁边，这两个都已经在新乡深耕多年，甚至当时还有确切消息表明，世界零售巨头沃尔玛也在新乡筹备开设新店，也在胖东来选址附近。这些信息几乎让所有人都判定胖东来将面临失败。但结果却是丹尼斯关门迁址，世纪联华新乡店直接转卖给胖东来，而沃尔玛至今筹划了7年也一直未能开业。

胖东来业绩奇迹的背后，是以超乎人们想象的服务来满足每一个消费者的需求。

传统零售的本质，是运用多元化的经营手段，满足被吸引到购买场所（包括实体和虚拟）的人群的体验式的消费需求，简单来说就是“经营客流”。零售企业的消费者满意度越高，就代表消费者在这里获得的服务比自己预期高，从商业角度来看，消费者愿意在你这里重复购买的概率和冲动性购买的概率都会大大增加。从本质来看，消费者满意度对于零售企业来说更加显得直接和重要，如果只用一个指标来衡量零售企业的经营业绩是否健康、优质和可持续的话，我更愿意用消费者满意度来作为这唯一的指标。

一位零售企业的人力资源总监跟我谈起这样一个经历：有一次我们去

胖东来新乡店考察，考察后在旁边饭店吃饭，遇到一位专门从郑州赶来这里买东西的消费者。按说郑州作为省会城市什么东西没有，为什么不远千里跑到小小新乡来买东西？这位消费者说，买的就是这里的服务，来这里买东西，就是觉得舒服。一位消费者，不远千里来新乡买东西，可见其满意度之高，而且已经上升为依赖感的层面，这对零售企业来说是多么稳定、坚实的利润保障啊！

三、胖东来“亲人般”的服务

（一）真诚的微笑

我去许昌胖东来调研的那天，正赶上滂沱大雨，我发现在胖东来商场门口，几个保安扛着十几斤重的大遮阳伞（只有大遮阳伞一次才能多带些消费者去停车场或者去公交车站）送没带伞的消费者从商场门口到路边乘车。

在我逛胖东来的时候，随时碰见的普通员工都冲着我打招呼喊哥，营业员的脸上都带着真诚的微笑——这在全国各地都很少见。他们的笑不是职业化能训练出来的，而是真真正正地发自内心。只有发自内心的微笑才能感染人们的内心，进而让人们条件反射地也会报之以微笑。

在每个扶梯口，都有年轻的员工一直守护着，只要看到有抱着孩子、提东西的老人上下电梯或一切需要帮助的人，他们都会搀扶陪伴其一同上扶梯。这样的亲人式服务在胖东来真是不胜枚举。胖东来的员工都把胖东来当作自己的家，也都按照家人相处的方式来对待每一位到胖东来的客户。亲人般的温暖会让你感受到最大的放松，来到胖东来绝对不仅仅因为这里有你想要的商品，更有你想遇见的人和温暖。如图5-3、5-4所示。

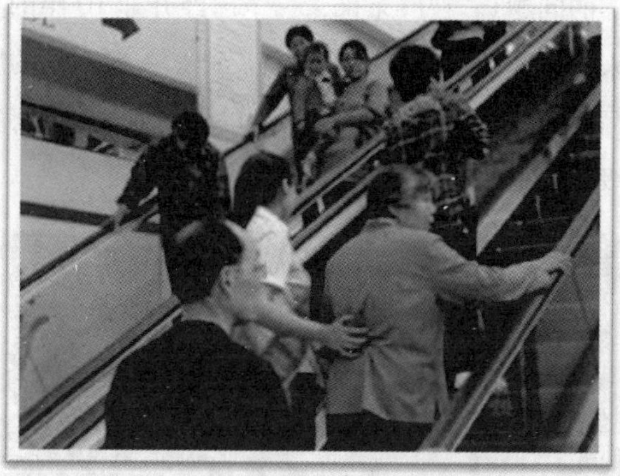

图5-3　搀扶老人上扶梯的员工

图5-4　接送老人下楼梯的保安

(二) 一尘不染的服务环境

胖东来每天都聚集着数以万计的消费者，但这并不影响胖东来的干净整洁。胖东来的保洁员几乎是普通商场的3倍之多，胖东来还拥有最密集的垃圾桶布局——15米一个，每个都要每天清洗（购物场所垃圾桶的清理也是个令人头疼的问题）。在胖东来，一个已经开业10年的生活广场，地面可以当镜子来照，连地下车库都干净得反光。一般商场的厕所最容易成为卫生死角，而胖东来的厕所，一尘不染的环境加上地毯、高档烘手机，感觉如同四星级酒店一般。如图5－5所示。

图5－5　胖东来干净整洁的洗手间

这些成果的背后都离不开敬业的胖东来员工：每天早上保安都会把每辆购物车清洗干净；白天的时候你随时都能看到一个保洁员会蹲在地下擦拭污渍，而另一个在扇扇子帮助晾干地面；最难整理的生鲜区，员工会围着消费者转，看见哪有水渍会马上擦拭；正在清理厕所门口地毯的阿姨会仔细到用手去清理地毯里的头发……如图5－6所示。

图5－6　清理地面的员工

（三）雷锋式地满足老百姓个性化的需求

在胖东来的文化手册里，我们看到了这样一则真实的故事：

在一个大雪天，一位大娘在胖东来买了一袋25公斤的面粉，问胖东来的服务人员能不能送货，值班的胖东来保安郑彦强说：“当然可以，大娘我给您送。”当他踩着厚厚的积雪将面粉扛到楼下后，大娘又说：“我家住在六楼顶层，你给我扛上去吧。”小郑二话没说扛着面爬到六层，累得一身汗。谁知进家后大娘发现，她女儿今天已经买了一袋面，于是很歉疚地问小郑能不能退掉不要了。小郑仍微笑说：“没关系，给您退，我再扛回去。而且天这么冷，您一把年纪就别出去了，我替您办好手续再把钱给您送来。”说完小郑又顶着雪把面粉扛回店里，办了手续后又一刻不停地赶回大娘家亲手送上退款，连大娘倒的茶都没顾上喝一口便急匆匆赶回到了工作岗位上。周围街坊邻居们听闻此事，无不交口称赞胖东来的服务。

胖东来还有一个免费服务：当你想买的东西在许昌买不到的时候，不用着急，你可以直接给胖东来门店门口伫立的易拉宝上的急购热线打电话，胖东来免费为你去采购，你只需要负担商品成本就行，路费胖东来负责。像这样的免费服务在胖东来数都数不过来，免费退换货、免费熨烫、免费包装、免费存车、免费打气，等等。这样雷锋式的服务，怎么能赢不到消费者的心？如图5－7所示。

（四）超强的博爱之心

胖东来对于一些刁蛮的客户有着极大的博爱心。曾经有个女消费者就利用胖东来提供的免费退换货的服务，几乎每半个月都来换一双新鞋，这样持续了几个月，很多员工都看不过去了，但是董事长于东来是这样说的：“是我们的服务不到位才让消费者对我们失望，只要我们用真心对待他人，相信不是这样的结果，不要总把人想得那么坏，遇见事情先从自身查找问题和原因，只有这样我们才能和消费者成为朋友，用我们的真心换来他人的信任。”这样又持续了几个月，那个女消费者就再也没有来换过，而是变成了胖东来的忠实消费

图5-7　胖东来的“急购热线”

者。胖东来的服务是有温度的，也是有广阔人文关怀的。

四、胖东来的优质服务意味着什么

零售企业在考虑发展之路时，常常会在“总成本最优战略”或者“差异化战略”之间进行选择。“总成本最优战略”关注的是如何卖产品，“差异化战略”关注的是如何更好地满足消费者的需求。中国近几年消费升级很快，越来越多的消费者从只关心物美价廉到关心购物体验，这样的转变直接映衬着选择差异化服务的零售企业，会更加受到青睐。胖东来从一开始就走出了一条自己的特殊之路，始终不渝地做好了两者的有效组合，即在做好“总成本最优”的前提下，坚持走“差异化服务战略”。

差异化服务的评价标准，关键要看消费者的满意度。消费者的购物满意度来自消费者购前预期与消费后评价，后者较前者的增幅越大，说明消费者满意程度越高。胖东来从一开始就没有选择控制消费者预期的理性路线，而是选择了在各个方面提供超出消费者满意度的感性路线。对于当下商品销售同质化日益严重的境况，持续提供超出消费者满意度的高水平购物体验服务，显得那么重要，且具有现实意义。

这种超预期的行为，极大地增强了消费者购物体验满意度，而且极大地刺激了消费者尝试和购买新商品的欲望，无形之中也增加了口碑度。在不断提升经营服务的过程中，胖东来所倡导的超预期体验模式也不断升级，已经达到了没有什么不能满足的境界。这样贴心的体验式服务，从细微之处淋漓尽致地满足了消费者需求。

超预期的购物体验服务，不仅仅发生在购买中，也同样发生在购买后。一位消费者在胖东来购买了一台电视机，谁想到10天以后这台电视机价格降了几百元，于是这个客户就接到了胖东来打过来让他去领差额补贴的电话。听到电话的消费者，几乎不敢相信自己的耳朵。这样一个案例生动地诠释胖东来“总成本最优”和“差异化服务”的完美结合。

同时，更为重要的是，让老百姓对这样的服务标准习以为常，无疑抬高了消费者对未来购物的预期，这对将要进入这个区域的竞争对手来说，是一个无形的门槛。大部分竞争对手都要评估在此地区的开店成本，放缓扩张脚步。胖东来通过服务差异化打造的超强软实力锻造了较高的市场占有率，所以也不难说明为什么胖东来拥有超强客流和较高的利润值。

第二节　区域零售企业如何黏住消费者

从胖东来我们看到了一家区域龙头零售企业如何将服务做到无微不至，那么区域零售企业应该如何通过软实力来黏住消费者呢?

零售行业是中国竞争最充分的行业之一，目前尚处在群雄割据跑马圈地的阶段，这一阶段的显著特征是：区域零售龙头在不断扩张的同时，会与渠道下沉的国际国内零售巨头短兵相接。面对管控体系完善，组织化、精细化、复制扩张的零售巨头，本地零售企业只有从自身优势出发，充分挖掘地缘优势，扬长避短，并在竞争中不断强化自身的管理水平，才有可能在竞争中胜出，拥抱消费增长的下一个十年。

一、抗衡法宝："软实力"

（一）差异化的低成本竞争策略，寻找"软实力"竞争突破点

对区域零售企业来说，来势汹汹的外来竞争对手，动辄修建上亿投资的配送中心，或者大规模高档次的自有物业"硬实力"比拼，这些都是难以直接抗衡的。在制定竞争策略时一定要有成本观念，以低成本构筑竞争对手难以学习的竞争策略。

对劳动密集型的零售行业来说，低成本并不一定就意味收效不佳，行之有效的低成本差异化方法正是通过对员工的有效培训和深层次的文化关怀来实现的，培训员工具备较高的职业化素养和"家文化"熏陶出的"爱操心"的性格，最终锻造出有生命力的企业综合"软实力"。通过员工高水准的现场服务水平、整洁大方的购物环境、物美价廉的多元化商品来吸引消费者进行重复购买。软实力的打造，更有利于企业的和谐发展与基业长青。如图 5－8 所示。

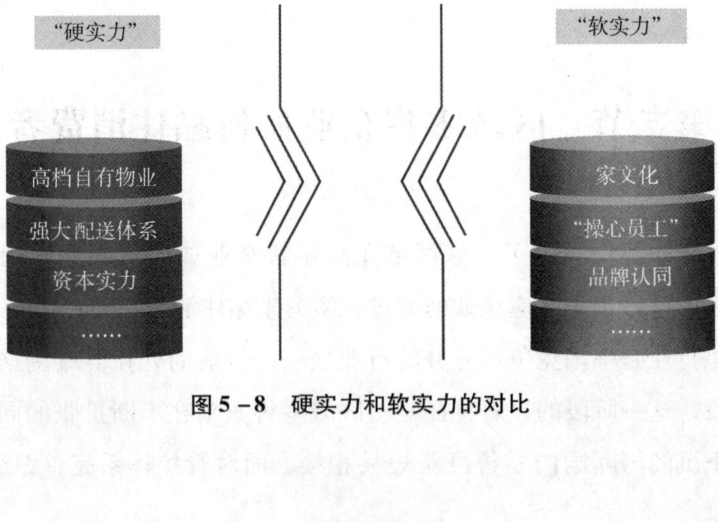

图 5－8　硬实力和软实力的对比

（二）利用多年积累的品牌价值，强化购物体验的归属感

由于当今社会变化过于迅猛，导致“安全感”成为一种稀缺的精神资源，区域零售企业应该通过激发根植于当地老百姓心中几十年的情感信赖基础，打造购物体验的安全归属感，从而有效抗衡外来巨头竞争。

在全国呼风唤雨的零售巨头刚来到三四线城市的时候，其推行的新奇、创意的策划活动，的确能给消费者带来新鲜感，从而分流本地企业的年轻客流。而本地零售企业需要在此时加强运用自身的品牌优势，多开展一些利于本地百姓的促销活动，不断强化售后服务延伸职能，增强本地消费者对本地零售企业的消费安全感。毕竟对外来零售巨头来说，短时间让本地消费者熟悉和认同还是有一定难度的，特别是陌生感带来的内心疑虑与不安全感，会影响本地消费者的购买行为。

二、“软实力”提升购物体验的四模式

以“软实力”来提升消费者的购物体验满意度，需要重新定位对商品销售概念的理解。商品销售在中国早已不仅仅是卖个产品这样简单，很早就已经进入到服务领域。所谓服务领域，就是作为销售的人员首先要有很强烈的用户体验感，一边通过忠实的消费者直接感受服务过程中哪里需要提升；另一方面，尽可能去了解消费者的真实需求与感受，并通过有效解读、反馈和实践，慢慢地向完美体验营销靠近。

笔者通过对国内一批区域零售企业的深度调研，总结了一些可供参考的模式。如图5－9所示。

模式一：超出消费者的满意度预期

消费者的购物满意度来自消费者购前预期与消费后评价，这两者的数值差越大，说明客户满意程度就越大。精明的区域零售龙头果断地放弃控制消费者预期的理性路线，大多选择了提供超出消费者满意度的感性路线，特别是对于目前商品销售同质化的局面，提供超出消费者满意度的高

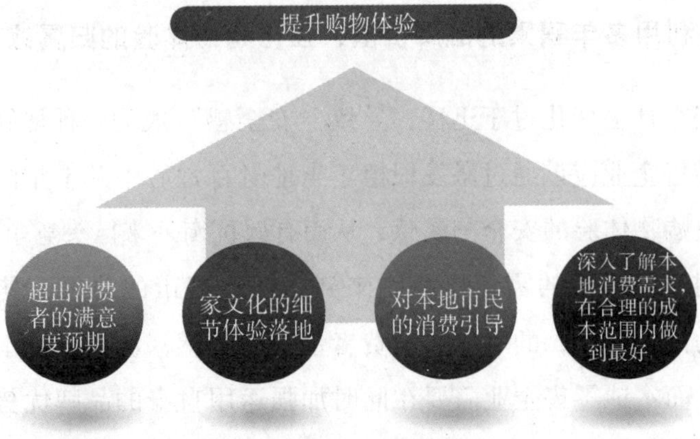

图5－9　提升购物体验的四种模式

水平购物体验就显得额外重要也更具有现实意义。

辽宁的兴隆大家庭，通过提供各种各样的特色技能“功夫服务”，不断地给消费者的购物体验带来超乎寻常的惊喜。企业通过加强员工专业服务的技能的培养，陆陆续续打造出将近200项“功夫”服务，其中包括：粮食一秤准、肉类一刀切、空手开罐头、闻香识茶、快速化彩妆等，这些服务都是从老百姓的切实需求出发，不断摸索研究出来的更高服务技能标准。消费者在拥有这些高水平技能的“功夫大师”的协助下选购商品，很容易就超过了原本的购买预期，并且直接转化成消费者的肯定和信任，进而激发出消费者更强烈的购买欲望。这样的体验营销，不但促进了销售，还能够提升企业的美誉度和消费者的忠诚度。

超乎消费者的预期，重要的是要靠企业和员工一起细心地琢磨消费者的真实需求，并以高标准来坚持满足其需求，这是零售企业软实力的重要体现。短期来看可能会增加些成本，但从长远来看，消费者的重复购买和口碑宣传将极大地增加客流量，从而不断提升销售收入。这对以经营客流为重的零售业来说格外重要。

模式二：家文化的细节体验落地

很多零售企业都以“家”文化来进行软实力的打造，但如何将以企业为中心的“小家”打造成让每一位员工不仅感受到家文化的温暖还能真诚回馈到社会这个“大家”的过程，是每个零售企业都一直困扰的问题。

去过胖东来的人都会发现，在一些超市卖场的门口会有很大的地方整齐地摆放着像牛奶、红酒这样整箱的沉重货物。这些陈列既不是厂家促销的堆头，也不是临时的摆放商品卸货的地方，而是细心的胖东来员工，将大件的沉重商品摆在了门口，方便客户结账后可以自行提走，省去了从卖场搬到门口的很费力的过程。这样每一个前来购物的顾客都感受到了特殊的家的温暖。这样高水平的售后服务，直接体现的就是“家文化”，也只有把每位顾客当成自家人，才会想出这样的点子。因为只有家人才会关心你购物累不累，而不是关心你到底买了什么东西。

“家文化”是零售企业软实力的重要载体，与其说是一种体验模式，不如说是一种体验营销服务精神内涵，这种内涵的精髓是博爱，是一种超乎商品交易本身的人文关怀，这也正是外来竞争对手最难模仿的。因为对这片热土的挚爱，土生土长的本地企业更能激起消费者的认同感与信任度。

模式三：对本地市民的消费引导

随着区域零售市场的不断升级，本地老百姓的购物需求也随之升级，本地零售企业更能敏感地洞察到消费者需求的细微变化，并且深入其中，通过对消费者的有效引导，让消费者在最短的时间内掌握新商品的基本知识和选择技巧，最终在体验营销中购买到称心如意的商品。

近几年，黄金首饰饰品一直风靡三、四级市场，但老百姓经常被某些不良商家欺骗，特别是黄金、钻石等贵金属领域最容易出现欺诈。但笔者在胖东来的金店专柜发现，柜台内不间断地播放如何选择黄金饰品、辨别镶嵌饰品的欺骗行为等宣传视频。在不断宣传购买常识的同时，老百姓也对胖东来的金店更加放心，这样引导市场的行为，本身也代表一种姿态：本地零售企业应该担负起为当地老百姓消费保驾护航的责任。这样的担当行为，无疑深深加强了消费者对商家的信任。

在兴隆大家庭，引导消费者体验营销的活动会显得更细致更贴心：在兴隆的首饰卖场，首饰导购员会根据消费者的不同诉求和自身气质特点，一边讲解一边帮助消费者用多彩的丝绳将其选择的黄金、珍珠、水晶、玛瑙等不同材质、款式的原材料，现场编制成令消费者满意的饰品。而在丝巾专柜，导购员又会根据消费者的气质和穿戴场合，以及外貌和搭配服装等多种元素，为消费者介绍和选择最佳的丝巾，并且手把手地教会消费者各种装扮的花样方式。通过对消费引导式的体验营销，可以让消费者不仅仅把商场当成是购物的地方，更把这里当成是通向时尚的殿堂，在这里可以获得美丽和自信。

在这种购物场合消费，消费者不仅仅快速学习到实用的装扮知识，还感受到了被细致呵护的深深情意。区域零售企业正是因为更熟识本地百姓的消费需求，以关怀化解消费者第一次尝试的谨慎心理，让消费者更放心、更信赖进行消费。

模式四：深入了解本地消费需求，在合理的成本范围内做到最好

区域零售企业，因为更了解本地的消费需求，所以更能清楚地知道消费者的购物敏感点，更能知道如何用最小的成本创造最大的收益。

河北的信誉楼从不刻意营造高端的购物环境，而是把精力放在如何给消费者创造最佳实惠上。信誉楼的经营者通过细致的市场调研了解到本地消费者对商品价格更敏感，而不会太在意购物环境是否高档。例如，信誉楼在调研过程中了解到消费者不会太在意是否有电梯服务，所以在很长一段时间大部分的信誉楼都没安装电梯，如此而来不仅仅节省了电梯安置成本，也大量减少了长期维修费用，从而使得商品价格更为优惠。但在经济稍发达地区，消费者要求有更舒适的购物环境，信誉楼便针对当地需求安置电梯。这样的调整来自于消费者需求的变化，一切以消费者为中心的运营做法，既节省了不必要的费用，保证了企业的持续良性发展，又能通过节省下来的费用进行让利，让更多物美价廉的商品赢得消费者的心。

山东德百集团在家电下乡促销即将结束之际，为了让农村消费者能够赶上实惠的末班车，凭借德百每年的“德百文化大下乡”活动之际，拉着最受百姓欢迎的电器产品直接送到村民面前，不但提升了库存周转，增强了企业营销力，更让老百姓在家门口就实实在在地享受到了上门贴心服务，使得很多原本没有购置家电意愿的村民都纷纷置换了新电器。这充分证明，用心发现客户真实的需求，运用有限的资源尽全力改变“坐商”的做法，可以获得消费者和商家的双赢！

通过对消费者进行更加细致的调研，并基于自身的核心优势资源，从经济效益和社会效益全方位衡量，打造适合企业的体验营销模式，是区域零售企业实现长远发展、追求基业长青的经营之道。

三、体验模式背后的内涵

区域零售企业应该从哪些方面借鉴这些模式的精华，进而结合自身企业特点打造差异化的体验营销模式？笔者认为区域零售企业可以从以下几个方面进行深度思考。

（一）根本：培养员工“爱操心”性格

用家的温暖把员工感化成“自家操心人”是体验营销模式能否成功的根本。三四级市场与一二线市场相比，城市的人口流动性相对来说要小很多，大部分人口都是土生土长的本地居民，“家文化”在三四线城市更为容易扎根。虽然有很多表面行为可以模仿和学习，但再好的体验模式也需要企业员工进行演绎和传承，这些工作的实际效果只能来自于员工自身对工作的认同感。

在走访了这些区域零售优秀企业，笔者深刻感受到了其高层管理者对员工全身心的无微不至的关怀。可以肯定的是，当员工感受到企业如家一般温暖的时候，才会不自觉地就把企业当家，把自己当作企业的主人。拥有主人翁心态的员工才会被激发出“爱操心”的服务潜质，而衡量一个零售企业的员工是否优秀的最高标准就是“爱操心”。爱操心的员工有无限的创造力，可以创造出超出消费者预期的满意服务；爱操心的员工能有阳光般的信心，将消费者的心灵温暖，通过热情洋溢的服务传递给每个需要的消费者……拥有爱操心的员工，企业就拥有了源源不断的客流。如图5－10所示。

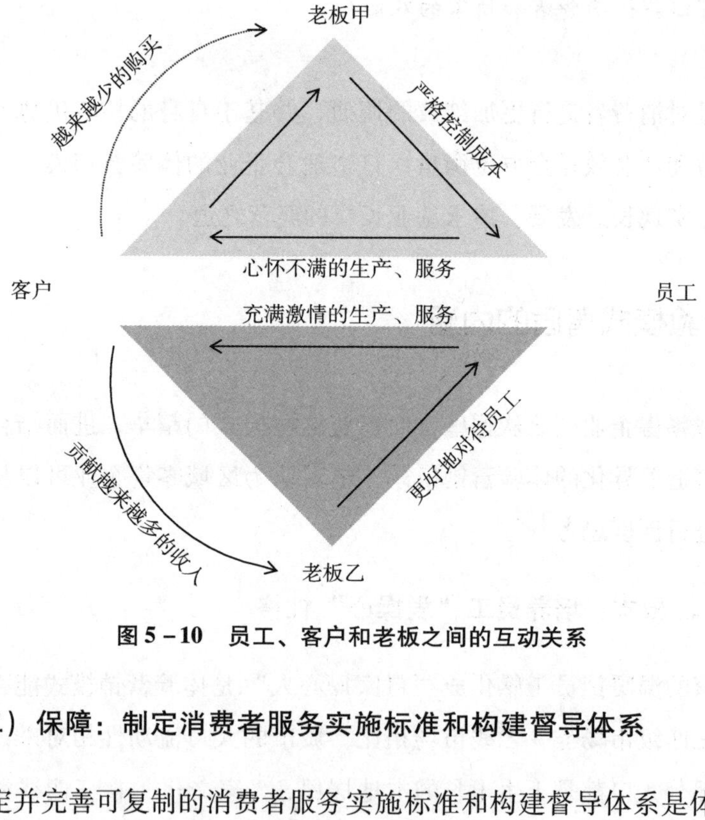

图5－10　员工、客户和老板之间的互动关系

（二）保障：制定消费者服务实施标准和构建督导体系

制定并完善可复制的消费者服务实施标准和构建督导体系是体验营销模式得以持久发挥高能效的基础保障。文化与制度一直是企业管理的正反两面，有时候制度的建设更为重要，在文化之前建立制度，更能确保组织的公平性，也更能持久地维系组织的健康运行和文化落地。对于能让消费者感受到温暖的体验营销模式，如何持久将其复制并传承下去，就需要在不断总结和归纳制度标准的同时，构建系统的督导体系。

很多三四线城市的零售企业员工，大多数都没有较高的文化水平，如何对他们实施教育并实现熟练操作，远比让员工自我领悟要更有效果。三四线的零售企业只有不断地通过对消费者服务标准的贯彻执行，才能巩固体验营销创造的消费者黏性，最终实现企业的良性循环，抵抗外来竞争对手的扩张步伐。

（三）精髓：深度研习当地文化习俗

深入细致的研究和感受当地文化习俗是体验营销模式能否成功的精髓。因为所有的营销体验模式都是通过对当地文化习俗的感知而创造性地呈现的，这也是外来竞争对手最难模仿的地方。

区域零售企业的策划部门和市场部门一定要深入基层，走进百姓的生活，切身体会到消费者多元化、多层次的消费需求，从而创造出最让消费者满意的购物体验。

（四）关键：学会控制成本，强化执行与反馈效率

运用体验营销模式的关键还在于运营者是否时刻对"成本"具有高敏感度，以及在推行体验营销方案时是否具有较高的执行力和快速反馈机制。因为文化再好的企业也不是慈善机构，企业经营有其自身的经营底线，守住底线才能获得持久的良性发展循环；执行力的效果直接制约着营销方案的效果，而效果的好坏又极大地影响了消费者的重复购买意愿；良好的反馈效率，可以不断提升体验营销方案的实施效果。成本、执行和反馈三者有机的结合，才能打造出不断提升消费者满意度的体验营销系统。

在很多零售巨头看来不值一提的小事，更值得区域零售企业们用心关注，因为正是这样的购物细节，产生了驱动消费者不断重复购买的原动力；很多零售巨头以高姿态的傲慢态度入驻三四级市场的时候，本地零售

零售：
把客流变成购买力

企业们更应该俯首帖耳，和当地消费者打成一片，让消费者把购物场所当成自己的家，因为区域零售企业的销售业绩的提升，就是来自于和消费者的心灵距离！

第三节　少有人走的路：胖东来的商业人性逻辑

优质服务的背后，是超高的员工满意度。胖东来靠什么凝聚了人心，让员工爆发出罕见的生产力，并且拥有超高的员工满意度和极低的员工流失率？

前面我们介绍了胖东来贴心的服务和令人艳羡的业绩，这一节让我们再来深入分析一下胖东来的经营之道与商业逻辑。

一、胖东来的秘密

胖东来的秘密究竟在哪？——就在于温暖的企业文化+严格的管理制度。

（一）合理价值观下的文化扎实落地

胖东来非常重视文化建设，胖东来的文化不仅仅是口号，更是一件件深入每位员工内心的温暖的人文关怀与引导。

1. 清晰的价值观做指引

胖东来的文化指导手册中，企业文化被高度概括为八个字的核心价值观：公平、自由、快乐、博爱，而且这四组词的顺序是不能颠倒的，前一个词是后一个词的必要条件。我们可以这样理解：通过创造一个让每位员工都能感受到的公平公正的组织，才能让每位员工都能在组织的保障下，最大限度地发挥个人潜能去追求人性的自由，通过人性的启蒙与创造获得内心深处真正的快乐，进而把这种组织内的快乐传播给胖东来能传播到的每一个社会角落。如图5－11所示。

图5－11　胖东来的企业核心价值观

胖东来有很多阐释文化价值观的细则，里面明确地规定了胖东来倡导什么，不倡导什么。比如胖东来文化手册中的安全篇教导员工：“安全意味着责任，这是对待生命、家人、工作、生活的态度。”胖东来又在其《安全管理制度》中明确规定：“骑摩托车及乘坐人员必须戴安全头盔（包括助力车、踏板式电动车）；如违反，第一次扣50分（50分意味着罚款500元），第二次视为严重违纪，解除劳动合同，并且直接上级主管负连带责任扣50分。”在文化指引和制度纠偏下，胖东来员工的交通安全意识大大提升，以至于许昌人常说“如果你在大街上看到骑摩托车戴头盔、不闯红灯的人，十有八九是胖东来的员工”。

每一条细则不仅仅充分体现着对员工的关爱与尊重，也同时体现了对员工的教诲与指引。通过对员工的关爱、让员工快乐，改变员工的不良习惯与行为，重新塑造员工完整的精神世界和生活氛围，当员工改变后的状态传递到消费者时，便体现为高质量的服务。

2. 利润分享：行业罕见的高薪酬、高激励

薪酬以及奖金作为双因素理论中的保健因素，虽不会给员工带来较高的满意度，但高薪酬会减少“没有不满意”的概率。在某些劳动力密集的

行业，当“没有不满意”已经是奢侈愿望的时候，如果企业拥有良好的薪酬环境，会使员工释放出惊人的生产力。

胖东来的工资水平基本是当地同行业同等岗位的两倍以上，同样也高于省会城市郑州的同行业工资。上至店长下至保洁员均是如此，工作满三年的普通员工还可以享受公司分红。员工对薪酬满意度极高，对工作机会也倍加珍惜。胖东来的员工在当地是令人艳羡的群体，常规一家百货店的店长的工资也仅仅能抵得上胖东来单店中层的工资。试想一个店里面有十几个操着店长的心的人在做着中层的工作，胖东来的经营怎么会做不好？

到底是什么力量在支撑着生鲜区的清洁员像拧了发条一样围着中心岛的冰池转着圈地擦地？又是什么力量指引着他们把超市货架最里面擦得一尘不染？原因之一就是高薪酬。对于整个职位序列里面最低级的保洁员，高薪不仅仅是一份收入，还是一份尊重。根据笔者的调研，2011 年胖东来的保洁员月收入不低于 2800 元，而一街之隔的新玛特保洁员只有 1100 元。我好奇地问了下新玛特的保洁员，为什么不去胖东来干的时候，得到的答案耐人寻味：我就是想养养老，不想太辛苦。

高薪酬极大地降低了员工流失率，员工会更加珍惜自己宝贵的工作机会。由于企业扩张加剧和人员流动性大，零售行业现在几乎面临着全行业人员短缺，而由于胖东来极低的员工流失率，胖东来现在很少有大规模人员招聘计划，这在当今的零售行业里显得是那么“另类”。

不过，像分红权、薪酬水平，这些都已是胖东来三年前被关注的话题。目前的胖东来，在解决了外在激励之后，更多地关注如何提升大家的综合素质、如何创造更多的归属感、成就感这样的内在激励因素，提升员工的内在动机。

3. 帮助员工规划生活

在中国，能认真为员工做职业发展规划的企业很少。而胖东来不仅为员工做详细的职业发展规划，同时还为员工做生活规划，细致到了各阶段应当住什么样的房子，应该去哪玩，应当有怎样的生活心态。“不仅教员工如何工作，还教他如何享受生活”，于东来如是说。

在胖东来的每一个商场里面，都拿出很大的空间来做员工活动中心，就是为了让员工在下班后的业余时间，可以有休闲放松的场所。胖东来的时代广场顶层全部用来做员工活动中心，耗资几千万配置了几乎所有市面上你能看到、想到的室内休闲器械，能感受得到胖东来尽最大努力来满足更多元化的员工需求，全心全意地营造一个大家庭。

胖东来还进行着更为细心的规划，重点体现在福利上。在这里除了一般公司常见福利项目外，还有很多意想不到的福利，例如：胖东来每月为女工发放一次女工卫生用品；员工生病可在公司职工诊所免费看病，药品只按成本价收费，员工家属享受同样待遇；员工在婚、产、丧期间，如需用车，公司免费提供车辆帮助等独特体贴的福利待遇。

一个企业如果能做到不仅仅操心员工的物质保障，还连员工的生活也一起操心，那么几乎可以肯定的是：不用为自已操心的员工会全力以赴地努力为企业操心。在这里，员工内心充满安全感，在毫无后顾之忧的基础上，在公司给予的美好生活的指引下，大家也会更有激情地去追求更有挑战的工作和更有品质的生活，用尽全力做好每一件事。

4. 创造行业闭店休息先河，杜绝一切加班，强调快乐人生

2012 年春节，胖东来所有门店闭店放假 5 天，后又推出每周二闭店休假的制度。打破了中国零售业“白天永不歇业”“节日即黄金时间”的规则。

为了让员工得到更好的休息，胖东来绞尽脑汁为员工想办法，他们很早就想到了闭店，但彼时许昌还没有什么像样的零售企业，可以在胖东来闭店的时候补上社会的空白。作为许昌市的零售龙头企业，胖东来不能简单地为了员工满意而损坏社会利益。竞争对手新玛特到来后，胖东来终于可以实施他的休假计划。为此，胖东来在每个门店都进行了公告，为的是让更多老百姓理解胖东来的用意。如图 5－12 所示。

图 5-12　胖东来的闭店通知

胖东来的闭店通知

由于员工常年的辛苦，很多员工的身体也因劳累患了各种各样的疾病，严重影响了员工的身体健康，同时也失去了很多与家人、孩子、朋友团聚享乐的宝贵时光。为了提高员工的生活质量，让员工分享生命中更多的幸福和温暖，也为了让员工感受到企业的进步是让大家有更好的寄托，觉得企业是值得他们认可和热爱的企业，这样他们才会用更高的热情投入工作。在公司理念的引导下，努力提高个人品质，提升个人及团队专业能力，团结一致，相互帮助，把商场的商品做得越来越丰富，质量更可靠，价格更实在，环境更整洁，服务更完善，消费者更放心。为大众生活品质的提升，展示大家的才华和能力，也让更多的人感受到生活的美好和阳光。

同样，在胖东来额外的加班是不提倡的，因为这会破坏员工的生活。胖东来明确规定所有中高层干部，每周只许工作40小时，相当于每天工作

8 小时。稍微有些零售行业经验的人都知道，商业企业最忙是晚上和周末，还有节假日，胖东来偏偏反其道而行之。

这些福利大部分都会让我们觉得匪夷所思，但都是来自于胖东来文化的指引。有什么样的文化就会有什么样的制度，在胖东来，制度体现的正是胖东来文化价值观中对员工的关爱和约束，有些约束在笔者看来是更高层次的关爱，它包含了引导心灵的意味。

5. 开放包容的共赢心态

胖东来传奇并不神秘，也从不隐藏自己的经营诀窍。它的管理案例、经营理念，甚至各个岗位的实际操作标准都详细地挂在它的官网上，任人下载。在胖东来商场的门口明确注明欢迎拍照。这一规定是对消费者说的，也是对同行说的。甚至你有任何不清楚的，也可以随时问穿黑衣服的管理层，大多能够得到员工的细心细致的回答。

与胖东来合作的品牌，所有联营员工要执行与胖东来相对应岗位员工的基本福利待遇，为此胖东来愿意自降一些返点给确实有困难的品牌。胖东来影响着供应商们给联营员工上保险，身体力行地解决了劳动密集型企业的劳动保障问题，并且把这样正确的用人理念，传递给了更多行业里的人们。胖东来践行着文化里的“博爱”，希望用自己摸索出来的有价值经验，分享给更多的同行和朋友们，一起助推零售行业健康有序的发展。

（二）严格的管理制度

胖东来在一方面建设关爱与快乐的文化同时，另一方面则狠抓制度管理。制度的修订每年都在进行，胖东来的每一个人都在用最严厉的制度和执行效果来捍卫他们共同的家园。通过细致的制度规范，严厉的处罚制度，来矫正员工的不正确行为，强化服务的质量。

1. 严格的制度执行力

于东来每月月初，雷打不动，都要给中高层做一次讲话，关于文化、制度或者生活。其中严格制度管理是于东来讲得最多的话题，我们仅摘录其中一次讲话的部分，大家就能够深刻感受到于东来对执行制度的坚决。

对于工作期间，管理、工作不作为、松懈、懒惰、不认真、抱怨、不热爱企业；专业知识、技能不合格，严重违背企业理念的，各级主管要严格履行职责直接予以清退。强化制度执行力，保证消费者满意和企业品牌的健康成长，否则当事主管直接免职。平时的表现也直接影响将来的职务晋升与福利分配，希望大家重视。

——2011 年 1 月 4 日，于东来关于强化执行力的讲话

在执行过程中，一些于东来的亲戚和朋友也被严厉处罚过，也正是因为有了于东来自上而下的以身作则和坚持贯彻的决心，才奠定了胖东来持续发展的坚实基石。

2. 细致入微的制度制定

胖东来制定了《日常管理逐级考核制度》，实施逐层监督的考核方式。对商品质量、服务等比较重视的项目，一项工作出现偏差，各级管理者及当事人都会受到连带处分，以此来督促大家对工作共同负责。《日常管理逐级考核制度》中的每一模块都有全面翔实的说明文字，囊括了各种可能发生的违规行为，对员工的行为起到全面的约束力。服务一项是处罚力度最大的一个模块，出现重大问题的会直接予以辞退，这也为胖东来实现最优质服务提供极大的支持。

3. 引入多层次监督，确保制度执行

《日常管理逐级考核制度》在执行上也得到了胖东来上下高度重视，每月都在内部公布处罚结果。对于涉及客户服务的，则在公网上向社会公示，接受社会监督。为进一步加强社会监督，提高客户满意度，胖东来于 2005 年设立了消费者服务投诉奖，奖金额由最初的 100 元提升到了现在的 500 元，用于奖励投诉其员工违规违纪、服务不周的行为，并根据举报信息对相关责任人进行处罚。

在胖东来的每家店面门口都可以看见《消费者投诉奖近期发放情况表》。当笔者今年年中再次走访胖东来的时候，在胖东来生活广场门口看

见的是近2个月内只有3笔建议或投诉的消费者获奖。“随便提一个小问题就能得到500元”，可现在要在胖东来挑出点毛病都已经很难。通过有效地引进了社会监督，让胖东来的监督成本降低的同时，也增强了社会美誉度。而且，被这样高标准服务水平长期呵护的消费者，怎么可能会满意其他购物场所提供的“正常服务”。胖东来用自己的高水平服务制造了具有较强核心竞争力的“软实力”。

（三）总结

1. 客户满意度与员工满意度

客户满意度与员工满意度这两个满意度指标是企业的生命线。两个满意度存在因果上和事实上的先后顺序：从企业的运营管理经验来说，员工满意度达到后员工才会奋力工作使得客户满意度不断提升，员工满意度直接决定了消费者满意度。

在处理不同企业内外管理问题的时候，客户满意度和员工满意度有着不同的侧重：一个企业在处理管理的问题时候，他的思考的重心应该从员工满意度上找突破口，员工满意度高所产生的服务会让消费者有较高的客户满意度。企业在考虑经营业务问题的时候，切入点的重心应该抓客户满意度，因为只有客户满意度高了才能带来企业高收入，企业才能够反过来强化员工满意度。

根据胖东来的做法，要提高员工满意度，需要在以下四个方面下功夫：

（1）创造组织的行业竞争力，提供有竞争力的薪酬，彻底让员工感受到，只有通过自己的努力就能解除后顾之忧；

（2）做到真正地帮助企业每一位员工，不单给钱、不单提供物质条件，还一定要帮助员工做生活规划，建设幸福生活。只有真正地指引员工的生活之路，员工才会真正地有信心、有底气、有目标；

（3）把企业文化落到实处，企业一定要坚守着一些普世的价值观，例如：尊重、公平、快乐、博爱；

（4）严格的制度管理：制度在很大层面是一种约束，为的是让组织里的大多数人可以更公平地开展工作，但是在更高的层面，制度也是一种对员工的人性关怀。

2. 文化与制度

文化＋制度是企业从个人管理向组织化管理过渡的两个最重要的保障。

组织管理的重心是文化和制度的不断完善，笔者认为，胖东来的成功可以归结为以下两点：

第一，真正关心员工、真正以人为本的企业文化；

第二，从价值观和文化中演绎出来的、严格而细致的规章制度。

企业建立初期，制度要先于文化，但这并不是说先期的制度里面没有文化。因为初期制定制度的是企业文化灵魂的缔造者——企业家，企业家精神也是企业组织文化的源头。

文化不断强化，进而影响制度升级。文化与制度随着企业的发展应该不断被加强，文化越来越具有温暖与号召性，而制度越来越严格细致，越来越高标准。两者之间的天地决定了企业的事业空间。

特别是要注意的是：文化不是一蹴而就的，而是持续坚定推进的结果。什么样的企业文化锻造了什么样的制度，制度也会保障文化的持续落地。企业需要能够坚定不移地理性优化制度的企业家，也需要意志坚定、一旦定下来就不改变企业文化方向的企业家。作为一个企业家，需要给企业制定明确的核心价值文化并坚定不移地通过制度来贯彻和执行。

二、胖东来的思考与启示

（一）从行业的层面，胖东来解决的是，传统经济面临竞争格局，在转型时选择关注零售本质——客户体验的升级之路

零售行业升级呼唤读懂零售行业本质的差异化的企业出现，胖东来的成功有效说明了，专注提升适合百货实体品类产品的客户体验，专注打造

“软实力”的差异化战略可以更长久地保持企业核心竞争优势。

1. 零售行业的本质

电子商务的兴起，特别是近几年京东商城、淘宝的强势出击，苏宁、银泰等传统零售纷纷投入巨资进行电商布局，让大家都对传统商业的未来产生迷茫感，对传统零售企业失去信心，甚至觉得传统零售企业会被电子商务颠覆。

但据笔者的研究，零售行业的本质是在特定的区域内经营好你所定位人群，简称叫：经营客流。

零售行业的本质是经营客流，一个零售企业的兴衰荣辱都和它所在区域的百姓息息相关，可谓水与舟的关系。要想深入摸到零售行业的命脉，就要从人与人的社会属性入手。比如，我们常说的人均GDP，这个指标决定了人们的购买能力，人们的购买能力直接促进了零售行业的业态的演变，具体的演变规律是：“不专业的购物环境”（主要以买到商品为主），演变到“专业细分的购物环境”（主要是提升品位）再演变到“一站式的购物体验环境”（除了购物还有娱乐、休闲、学习等需求）。

事实上，一个消费者购买一个产品，并不是只关注商品本身固有的属性的价值。如果你给客户提供不了什么附加价值的感受和消费，那么消费者只能关注商品本身的价值高低，进行比较。零售企业就是要运用好自己的经营平台，赋予商品原来不具有的附加价值，而消费者会乐于为此买单。本质上，零售企业对商品之外的附加服务的重视程度，决定了企业能否提供其所聚集客流最需要的商品综合价值！

2. 胖东来暗含的零售体验升级之道

从本质上看，电子商务的出现通过分散客流，只会加剧零售企业的升级，而真正影响传统零售行业发展的，是人民的消费能力与日俱增、人民的消费需求不断细分，需求的细化升级倒逼供给快速升级。具体到中国特殊的区域格局和国情，可以从两个相对简单的维度来看一些规律。

（1）一二线区域所代表的较为发达的零售市场，面临着零售业升级的考验。主要聚焦在：实体零售和互联网零售依据不同渠道的聚客能力，细分不同的品类，并进行更全方位的商品定位细分升级。虚拟经济会不断加强在可标准和可量化比较的品类的专注，例如图书类，电器类；而实体经济应该更加专注以下三个方面：

第一，体验属性较强的产品，这一类产品一般呈现出评判标准很难进行比较，需要在实体店进行购买体验才能决定是否购买，同时购买人群更注重实际感受。例如，百货的高端奢侈品、定制类产品等，超市的生鲜类产品，这一类实体店应该着重突出体验服务的作用和宣传。

第二，能为一类群体提供一站式购买便利服务的，这一类的实体店需要做好简单卖商品之外的专业指导功能，如专门为母婴提供商品的母婴连锁。

第三，能为消费者提供综合生活休闲的平台，如满足周末家庭休闲所有需求的商业综合体。

（2）三四线区域所代表的城镇化进程不断加剧以及消费人群的升级，传统百货业需要做好的是增强客户黏稠度和购物体验感。始终保持和本地区消费人群的需求增长步调一致。中国消费环境升级促进零售行业升级加速，传统零售企业需要敏锐地结合自身资源，寻求新的发展之路，否则会被行业升级所淘汰。

胖东来的成功一方面在于，有效地通过差异化的高水平服务，始终保持着和许昌老百姓消费需求匹配的升级频度，甚至在某些方面引导着消费的升级（在胖东来时代广场，你能看到万宝龙几万元的定制笔，几万元的摄影器材，这些东西不是为了卖，而是为了让许昌老百姓了解外面的世界其实很大，引导高端人群熟悉不同的品质生活）。另外一方面，高水平的服务也增加了客户对商品的体验感，增强了去实体经济消费的冲动。

3. 许昌区域适合本土企业抵抗外来竞争对手

许昌的地区人口流动性小，本地居民容易对地方品牌产生出依赖感，外来品牌建立信誉成本高。人们的需求随着经济水平的上升不断增加，不断细分，要求也不断提高，自然会孕育出多种业态。而在中国，在众多的人口指标里，有个指标会更有实际意义一些，它在很大程度上决定了本地区是区域零售企业占据优势还是外来国内国际巨头占据优势。这个指标就是人口流动性指标。人们的购买有习惯依赖，这个依赖的基础是消费者对零售企业的信任度，但信任度的建立需要时间，一旦建立就有依赖感。对于一个地区来说，如果外来人口较多，对本地区的区域零售企业的依赖度就低，更容易被外来的国际国内大牌零售企业所占据；若外来人口少，则本地老百姓因为几十年的信任度，就天然产生出了较强的依赖感，这个区域的区域零售企业就会比外来的零售企业强势。

（二）从管理的层面而言，胖东来解决的是员工和老板的安全感问题

缺乏安全感是当下人面临的最大的共性问题。一个人对未来的预期判断乐观与否能直接反应你的安全感高低。当今的中国环境变化极快，导致人们心底的不安定因素加强，特别在近几年贫富差距的加大，家庭稳定性变差（有数据表明离婚率每年都快速递增），社会生活安全的担忧以及食品安全的大型突发事件不断出现，更是导致人们的内心越来越敏感，对未来产生越来越多的不确定性……

一个组织是否吸引人源自于这个组织可以拥有一些社会稀缺资源供组织人享有，而面临着当下大众普遍缺乏的安全感时，组织领袖们是否想过，努力创造一个充满安全感的文化氛围是稳定组织首要因素？

1. 零售企业特别需要组织给予安全感

零售企业的员工是最容易没有安全感的人群，他们大部分都是只有高中学历的年轻人，他们不是社会眼中的精英，从小获得的认可比较少，内心中很难产生过多可以感染人的正向力量，容易盲目跟随社会主流观点进行生存方式的转变。大多数人容易有自卑心理，工资收入普遍都在全国城镇平均收入之下。这类人因为无法靠自己获得更多温暖，又是最需要组织扶持和帮助的一群人，他们大多有自己固有的群体，如老乡帮和同学帮，喜欢群体进行讨论并相对一致进行决策和行动，渴望被认可和关注。

正是因为零售行业员工的特殊性，胖东来的管理很见成效。对内管理

以员工满意度为准绳，在零售企业员工对未来生活和工作确定性（安全感）方面构筑了坚实的积累：比如高薪酬，高福利，清晰的目标规划，健康持续发展的企业平台等。通过这样的方式，公司先于个人给予和释放积极正面的信息，进而影响到他们努力地完成自我内心安全感的建立。

做成一个真正受人尊敬的有安全感的企业，未必员工一定要高学历、高素质、高知识，普普通通的劳动力，也是可以的。但这需要企业对人能够做到大爱，需要真正的以人为本。

2. 老板比员工更需要安全感，于东来内心充满安全感

从企业家层面而言，胖东来所倡导的经营做法会让更多企业家获得精神上的安全感。虽然马斯洛五层次需求理论并不尽完美，但是这个理论所阐述的人的需求要从物质到精神的上升趋势，对于人的终极目标的理解是有指导意义的。

我们知道，一个人的幸福来自于比较，企业家也是这样来寻找幸福的。一般来说，人的幸福来自于以自己为原点展开的比较，企业家也不例外。从初期企业家与别人比较，到成熟后的企业家与自己比较，这个过程转变的本质是，关注点从外在到内在的转变。外在比较的差距，相对能够通过自身努力较为容易地弥补，而人对自己内在的要求便会成为一个没有终点的永恒过程。

人在弥补对自己的内在不满时，会在自我烦恼的解脱和再烦恼的过程中循环中往复，极为痛苦。所以，很多企业家会在功成名就之后，陷一种隐性空虚的状态，这种状态有时候是一种孤独的寒冷：在个人追求的目的达到以后，名利对他来说已经不是最重要的事情，反而会因为身在高处，更容易感受到孤独。

对于胖东来的董事长于东来而言，空虚是从来不会存在的问题。因为于东来的所有成就和幸福的源泉来自于他竭尽全力帮助的外部世界，即他的幸福不以个人为参照物，而是以他关心的人为参照物。他的快乐是建立在别人快乐的基础上，他的幸福感已经超越了自己，放到了他所关注的与他有关的外在社会的进步中。所以他一旦发现，外面每天都在变好，而且这种变化和自己还有些关系的时候，他就会很快乐和幸福。他构建了一个可以自循环的关爱体系，并且随着时间不断加强。

用相对简单的方式再解释一下于东来快乐的自循环体系：于东来给别人带来幸福——别人感受到幸福——别人为了保持住这样的幸福会努力维系幸福的传递者于东来——大家让于东来更幸福。而且这样的精神层面正是马斯洛所说的最高层面的自我价值的实现，他包含了所有的认同、需要、依赖和尊重。

学习于东来的这种幸福比较方式，有利于企业家从工作和生活中找到更为积极持久动力，生命也会因为自我的充盈而更加有意义、有内涵。

有于东来，才有胖东来。我们的社会，需要这样的企业家、这样的企业。它像一盏灯，点燃希望、照亮生活、温暖心灵。

（三）胖东来模式，如何复制——理性改良，感性突破

胖东来身上有其精神领袖于东来的很多烙印，一个人的诉求有很多唯一性，完全复制和借鉴的可能性不大。但胖东来模式，还是有很多值得借鉴的地方。

1. 胖东来的成功概括来说，就是理性改良，感性突破

理性改良指的是，胖东来持续通过对各种管理制度的升级完善和组织管控权限的合理授权来强化企业文化的核心价值观所关注的方面，通过构建胖东来员工得以栖息的稳固利益结构，彻底解决员工的后顾之忧。所以胖东来的每位员工都会全力以赴支持企业进入到良性循环。胖东来的理性改良体现的是管理的艺术，胖东来做的每项制度都考虑到实施的群众接受度，会分批次逐渐加强难度，这样做更加严谨，关注生产成本，所谓“好事也需要慢慢做”。渐进式的理性改良更具有持久性。

感性突破指的是，胖东来经常通过很多令人激动和感动的活动来强化组织的文化氛围，促使组织走向良性循环。比如，胖东来举办各种文艺晚会，在会上通过喜闻乐见的形式来宣传公司的发展方向和制度，感性突破是点燃激情的重要手段，激情点燃的是责任感和创新力，决定了企业的基

业长青。

通过感性的呼唤，理性的给予，建立起全体员工对胖东来组织和文化落地实施的信心，奠定了胖东来的高速发展。

2. 胖东来模式的复制

胖东来模式是基于人性本善的假设前提下、基于商业理性，展开的以关注人的真实需求为本源的可持续发展的组织共同成长模式。这种模式没有行业的局限性，因为模式的成功关键是读懂影响组织成长的不同人的需求。这里的人从对内管理和对外经营两个角度可以分为员工和商业生态参与者（不单单是客户，这是胖东来文化中“博爱”的终极社会意义）。

胖东来模式从何而来？胖东来模式源于人——于东来，源于一个完整的人，一个敢于正视自己内心的人的实践之旅。胖东来模式是可以复制的，但这种复制的关键点是找到可以复制出又一个于东来的办法。正如道场传承的关键是一个个秉持“道”的弟子，传承的好与坏，完全取决于传承者的悟道和践行决心，而胖东来精神所倡导的人本位理念一定是永远维护的“真经”。具备这样精神的传承者下一步要做的是，用商业理性进行持续不断的组织化建设和社会资源整合。

作为胖东来的操盘手——于东来的商业理性也很清晰。他很清楚企业要赚钱，没有盈利就不能给员工利骨干提供发展空间；其次，企业对员工与消费者做的所有好事，在初始都是量力而行和持续改进的，例如设立500元意奖励等，是一个不断加强、循序渐进的过程；商业理性还包括自我革新和学以致用的问题，胖东来每年都组织大家出去考察高水平门店，每次根据精准的信息搜集便于胖东来更好地进行商业计划调整。

胖东来模式对于零售行业的意义是，给一群草根以更优质、更快乐发展的范例和借鉴路径，给零售企业经营者带来了更多的信心。

【第6章】

从体验营销看零售升级之路

【观点摘要】

国内的体验营销总体处于一个“粗放”的状态，与国内企业的服务靠员工自发行为不同，日本的零售业带给消费者的良好体验主要是被设计出来的，从商品的摆放、产品的包装、到服务的流程完全是复制的。

“轻奢侈”自诞生起，就以“快时尚”对立面的形象而被提出。与“快时尚”不同的是，“轻奢侈”重视设计原创，重视特有消费人群的产品体验，并对做工品质要求较高，相对“快时尚”来说是一种较为小众的消费品。

“体验式消费”也在渗透到奢侈品消费中，奢侈品消费逐渐转向为“体验式”。经营客流，实质上也在经营着消费者的购物体验，引导人们的消费。

第一节　被“设计”的体验

目前，体验营销在国内零售业日益盛行，电商的冲击更是让商家把重视消费体验提高到前所未有的高度。虽然也涌现出许多企业的体验典范，如海底捞、胖东来等，但国内的体验营销总体处于一个“粗放”的状态，即体现在明处、没有出现在细微处。

例如，商家会开漂亮、豪华的体验店，却不会在商品摆放上下更多工夫；商家规定员工迎宾唱宾，却没有在顾客购买习惯上进行统计分析，得出精致的服务流程。

同时，国内企业的体验营销，更依赖于员工对企业高度认同后的自发意愿。比如胖东来就是一个典型的依靠员工积极心态带给顾客温暖的例子，这也导致国内零售业的服务标准良莠不齐，完全看员工心态。

在实体零售业整体不景气的背景下，零售商们最经济的升级之路就是持续不断地提升服务水平，增强消费者体验，提高顾客满意度。而日本零售业的卓越服务被全世界所称道。**与国内企业的服务靠员工自发行为不同，日本的零售业带给消费者的良好体验主要是被设计出来的，从商品的摆放、产品的包装、到服务的流程完全是复制的。**在日本流传着这样一个观点：20%的精英人士设计80%人的生活，大部分人只需要按照流程遵守执行就可以。可见设计在日本人的生活中的重要性，其中就包括对于服务的设计。

一、日本零售业精细的设计理念

日本零售业优秀的购物体验都是被精心设计出来的，正是通过对服务

流程、商场环境、产品美陈、商品包装等要素的设计，让顾客体会到了无微不至的服务和温暖。

日本零售业的服务细致入微，常常让顾客感到惊喜。可以说，日本人通过精心设计服务中的点、线、面，从而构成了一个立体、温馨的购物体验磁场。看似简单的服务背后，都蕴含着设计者的用心观察、揣摩与执行者对于流程及标准的严格把控。

（一）设计中的“点”

日本零售业的服务中处处充满了闪光点。

当消费者走进任何一家日本商店，就会有员工对其鞠躬微笑，出门也会鞠躬道谢，无论是否买东西。而为了使员工能够达到符合客户满意的标准微笑，企业还特地采取了一些措施，他们相信微笑也是可以被设计出来的。比如某零售企业会要求员工每天早晨接受“微笑扫描”，很多百货门店的员工每天上班时都带着一张自己当天的标准笑脸图，工作时的微笑表情都要以此为准。人类的表情代表了心理情绪的变化，不同的笑容也充满了丰富的含义。善于设计的日本人有效地通过大量的样本量分析，做出了科学的测试软件，借助软件的力量“设计”出令客户满意的笑容。

而日本精致、工艺精良的包装设计则把“复杂的简单”展示到极致，在复杂的包装过程中处处体现了细节，而整体的包装给人的感觉却是简约又不失惊喜。例如，笔者在日本一个商场买了一盒小小的乌冬面，服务员先是用包装纸将乌冬面包装好放入非常精美的盒子中，最后又用非常漂亮的包装纸将盒子包起来并打上简单别致的蝴蝶结，整个包装好的商品就好像一个小小的艺术品，令人爱不释手。

（二）设计中的“线”

日本人善于在几个事物之间进行巧妙的设计与规划，以期将事物以艺术的形式联系起来，并能够通过有效的方法与手段为顾客提供充满惊喜的服务。

在东京的百货公司，消费者在结账付款时，收银员会意外地将购买的衣物纸袋外面套上专门的防雨塑料袋，以防止走在街上纸袋被雨淋湿。为什么在室内的服务员会第一时间发现外面下雨？

原来秘密就藏匿于背景乐里。每当室外开始下雨的时候，百货公司会将背景音乐切换为特殊的音乐，这是只有服务人员明白的一种“暗号”。服务员会马上知道，要为顾客提供防雨塑料袋。雨停之后，百货店也会更换音乐，以提示服务员“雨停啦”。

用心的日本人将音乐与天气联系起来，及时为顾客提供人性化的服务。雨天的商场服务，让顾客体会到了什么是“润物细无声”，细细品味才发现这背后的用心。日本人竟然就是通过背景音乐的设计，将雨天——提示音乐——提供防雨塑料袋艺术地联系起来，提示服务员做出相应的服务调整。

（三）设计中的“面”

日本人在服务上追求完美，不仅注重细节，更注重整体感觉，为顾客提供最优质的“服务面”，店面的设计就是一个很好的例子。日本的店面设计让顾客赏心悦目，在日本街头经常能看到小而精致的店面，精心设计的橱窗如同一场视觉盛宴，使顾客在商场中彻底放松心情，这也是日本零售业成交率与客单价较高的原因之一。

香氛的运用也是日本商场的一大特色。商场甚至在不同的品类区域，运用不同的香氛。笔者发现在日本某百货商场女装区域，香氛的气味带有花香般的甜味；而在男装区域，气味富含淡淡的烟草气息；在童装区域，奶香与糖果气味则充满了购物区。研究也表明，香味营销有助增加顾客对品牌的认知及忠诚度，香味最大的用途是尽量将顾客留在店内，因为顾客留在店内的时间愈长，购买的货品愈多。

日本店面布置通过陈列、灯光、香氛等，激发着顾客的消费欲望。在美好的环境与优质的服务中，顾客心甘情愿地消费，这也是日本服务的精明之处。

二、体验如何设计

零售企业在设计标准上，需要抓住顾客细致的情感源泉，以及情感逐渐被激活的步骤，从这种标准化的流程设计中，消费者可以感觉到始终如一的精致、温暖和美好。

一般而言，设计标准在零售企业应该是很正常的固化工作。国内零售企业虽然也进行服务流程的设计，但是不够精细，没有抓住顾客细致的情感源泉以及情感逐渐被激活的步骤，只是简单的触碰到了一些需要规范化服务的内容。

那么，零售企业应该如何去设计消费体验呢？

（一）流程设计

好的服务理念是需要通过标准和流程去固化的，在服务流程的设计与执行上，需要严格的标准。

零售企业要有严格的服务规范标准，这些标准是长时间根据定位人群的购买习惯，进行有效的样本量分析后，精炼总结而成。通常的做法是先筛选出服务水准最好、业务能力最强的服务员，然后提炼出这些优秀员工的技能、素质以及最佳的服务标准流程，将这套服务标准流程借助岗位实操再进行不断优化与细化，最后让整体服务水平达到卓越。通过全面梳理流程的这条线，并依靠服务中的细节与亮点实现单点突破，从而让顾客享受到完美的服务体验。

标准的服务流程，让顾客在同一个商场感受到的是完全一样的服务方式。零售企业需要通过大量的样本分析，研究完成一个顾客的消费需要多少步骤。通常，前几个步骤是完成客户一般满意的，而后面的步骤，每做好一步就能提高不同百分比的满意度。很多的服务理论、模型与工具都值得国内零售企业的学习，其中就包括著名的5S管理理论（整理SEIRI、整顿SEITON、清扫SEISO、清洁SEIKETSU、素养SHITSUKE）。

7 – Eleven 标准化的极致管理

零售行业标准化管理最佳代表首推 7 – Eleven。7 – Eleven 的员工管理非常规范，而且形成了制度化、书面化的流程。对于所有店员的活动，7 – Eleven 除了制定每天的工作计划表来规范员工的行为外，还对每项任务还做出了更为细化的要求。

以清扫为例，7 – Eleven 规定，各店铺每天清扫工作的内容有：店内地板的清扫、店门口的清扫、停车场的清扫、电灯的擦拭、厕所的清扫等十几项，并且一天必须进行数次。

而最有意思的是，7 – Eleven 不仅对清扫的内容有规定，而且对各项清扫活动用什么样的工具、用什么样的洗涤品、以什么方式清扫以及清扫的顺序都规定得非常详细。例如，店内地板的清扫，7 – Eleven 规定，必须先用拖把、再用抹布和清洗上光机清扫，清扫的时间在任务计划表上标明，一般上午 11 点用拖把清扫，然后用湿抹布擦拭。此后，下午 2 点半、5 点、9 点、11 点、凌晨 2 点、早上 6 点，一昼夜共拖 7 次地；其中要用浸湿的抹布擦拭 4 次，每天用清洗上光机清扫 2 次，一次是下午 2 点半，另一次是凌晨 2 点半；用机器清扫后，必须用拖把再拖一次。当然，这个计划不是固定的，如果碰到雨天或下雪天，清扫的次数会更频繁。

零售企业需要通过流程的持续严格执行，并在过程中把控每一个细节，实现服务“点与线”的完美结合，就如同在一条高效率的作业流水线上，每个节点都呈现最佳工作表现，每个节点与节点之间形成“无缝连接”，最终生产出最优质的产品。

三、数据与技术支撑

在大数据来临的时代，信息化、数据化变得日益重要。服务的理念与流程日后将依托各类技术手段才能实现。为了能够更好地为消费者设计出良好体验，零售企业对于消费者数据的获取、挖掘、处理、分析到运用，需要使出浑身解数。

例如，有些家电卖场除了先进的后台系统之外，每个导购人员也都配备移动终端设备 PDA 以及对讲机等。当顾客询问某款产品的性能及价格时，导购员通过移动终端设备扫描该产品的条码，该产品的所有信息都会一览无余，包括品牌、价格、性能参数、折扣幅度以及库存量等。而一旦消费者购买了此款产品，那么他的所有信息也将被录入到该系统中。同时，卖场的会员也做得非常彻底，卖场通过分析后台的数据库，不但可以为会员提供个性化服务，同时掌握了消费者的信息，也为其下一步的销售规划提供有力的数据支持。

7－Eleven 善于利用数据对顾客进行分析，而 7－Eleven 通常会特别关注一些看似不着调的问题，例如：

- 气温由28℃上升到30℃，对碳酸类饮料、凉面的销售量会有什么影响？
- 下雨的时候，关东煮的销售量会有什么变化？
- 盒饭加酸奶、盒饭加罐装啤酒都是针对什么样的客户群体？他们什么时间到门店买这些商品？

为什么 7－Eleven 会关注这些问题？

因为日本人倾向于分析所有影响商品销售的关联因素，比如天气、温度、时间、事件、客户群体等。尤其是 7－Eleven，会将这些关联因素研究得非常透彻，因此在 7－Eleven 就会有气温－碳酸饮料指数、空调指数、冰激凌指数。这些指数是通过数据分析得到的结果。7－Eleven 便利店设置有专门的气象部门，要求门店每天 5 次将门店内外的温度、湿度上传回总部，供总部与商品销售进行对比分析，以得出各类指数。

7－Eleven 便利店为了能够顺应顾客的需求，采取了“特殊”的手段去先了解顾客的需求。

7－Eleven 在收银按键上标注着：“老男（老女）56”、“壮男（壮女）

36–55”、“青男（青女）19–35”、“中男（中女）13–18”、“小男（小女）12”等，收银员在收银时，会同时快速地将顾客的信息输入系统，充分利用顾客的数据。如图6–1所示。

图6–1 收银机上的顾客信息输入标识

这样可以统计不同区域的消费特征，以便店家对相应的商品结构等做出调整。而这已经成为7–Eleven新店开业的利器。7–Eleven依靠这些指数能够随时进行商品的调整，为顾客提供满意的商品。

标准化的流程是精致体验的保证，是依靠深度解读顾客后的标准化复制。细致、严谨的日本人通过创意理念、流程设计、数据与技术支撑等完成了服务设计，这很值得国内零售企业所学习。

第二节 “轻奢侈”：时尚圈的下一站

刚刚过去的两年，无疑是“快时尚”大行其道的两年。然而在经历了对“快时尚”的款式和设计的“疯狂追求”之后，其存在的诸多问题，如：设计抄袭、成本压缩，品质变差等使消费者和市场对其的痴迷程度逐渐降温并回归理性。特别是，随着一些著名的“快时尚”品牌不断被曝光出质量问题，很多人不禁对“快时尚”品牌产生了抵触情绪，在享受时尚消费快感后理性地反思自己到底需要什么。

追求真正的好设计、高品质的消费者越来越多，但传统的奢侈大牌仍旧由于企业售价高对很多人而言是奢求，现有的普通流行时尚品牌又无法满足品质和设计的双重需求，因此，“轻奢侈”顺理成章地出现。它们定位在中高档，价格从几千元到上万元不等，带有独特品质的生活体验感觉，这类轻奢侈品正受到白领群体的热捧。

轻奢侈品的主要特征包括两个方面：顶尖设计师原创设计和高品质面料工艺。很明显，白领阶层对时尚和品质的双重追求决定了其购物区间是在“轻奢侈”概念内上下移动的理性消费。他们并非追求隆重的奢侈，而是愿意为了个性、舒适和时尚度付出相对可控的“更高价格”。

如今，“轻奢侈”突然成了时尚圈里的一缕清风，载着优秀的设计、独特的品位和合理的价格成了个性时髦人士的新宠。那么，企业该如何抓住这阵清风，满足消费者的需求？

一、“轻奢侈”与奢侈品、快时尚的区别

细心的消费者会发现，近几年国内一二线城市的主力百货店在进行动线调整、品牌升级的时候只有两个方向：或者在一层不断地引进重量级的奢侈品品牌，或者在一二层引进“快时尚”品牌。但是最近一年来，“轻奢侈”的品牌风逐渐抢占了“快时尚”和奢侈品的地盘，层出不穷地出现在百货店的最佳位置。究其原因，是因为百货商场竞争日益激烈，消费者人群越来越细分，深谙市场发展趋势的百货运营商希望借助个性鲜明的“轻奢侈”品牌体验凸显自己在市场中的号召力。那么，“轻奢侈”品牌究竟和与“快时尚”、奢侈品有什么不同，它们为何能够得到越来越多的消

费者的青睐？如图 6－2 所示。

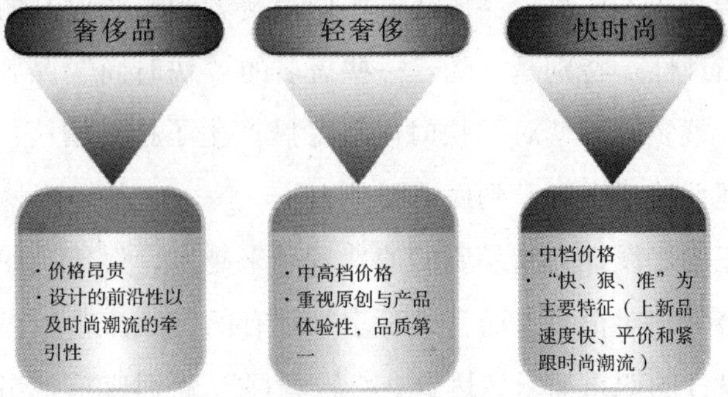

图 6－2　“轻奢侈”、奢侈品和“快时尚”

（一）轻奢侈 VS 奢侈品

“轻奢侈”与奢侈品最显著的显性区别在于两者的价格区间不同。轻奢侈品的价格更具有亲民性，一般来说，普通的服饰类产品定位在 2000 ~ 10000 元，且产品之间的价位区别不明显。“轻奢侈“品牌定位一般是中高档，符合常规时尚类百货店的主流定位，白领小资阶层一般都有能力消费。而奢侈品的一般基本款价格都会是轻奢侈同类型的 2 ~ 3 倍，如果是稀有材质或者定制镶嵌名贵珠宝，其价格将会是“轻奢侈”十倍甚至几十倍。

“轻奢侈”与奢侈品的内涵区别是设计与品质侧重不同。奢侈品更注重的是设计的前沿性以及时尚潮流的牵引性。与奢侈品大牌不一样的是，“轻奢侈”品牌面临着前卫设计与产品品质抉择的时候，并不会因为过度追求前卫设计而放弃品质第一的原则。这种选择直接引导了两种不同的消费体验人群。

（二）轻奢侈 VS 快时尚

“轻奢侈”自诞生起，就以“快时尚”对立面的形象而被提出。与“快时尚”不同的是，“轻奢侈”重视设计原创，重视特有消费人群的产品体验，并对做工品质要求较高，相对“快时尚”来说是一种较为小众的消费品。

“轻奢侈”拒绝为了更新频率与琳琅满目的款式而放弃品牌的原创设计和品质保证。最早的“轻奢侈”品牌：来自于佛罗伦萨的女鞋Moonsa，其定义了“轻奢侈”的产品灵魂：真正的时尚不应该与更新速度成正比，而是优秀设计师时间沉淀、倾注心血的艺术创作。

在奢侈品被广泛追求和膜拜的今天，“轻奢侈”突然成了时尚圈里的一股清风，载着优秀的设计、独特的品位和合理的价格，“轻奢侈”品牌成为个性时髦人士的新宠。

总的来说，“轻奢侈”是介于奢侈品和“快时尚”之间的一个时尚品类，它综合了顶尖设计师的原创设计和高品质面料工艺。首先，它要符合最前沿的流行趋势；其次，它要有相对奢侈品而言更为亲民的价格。这一类品牌能引领潮流，某些设计甚至比国际一线品牌更流行，每个品牌都有专属的固定客层。“轻奢侈”的主要产品类别以饰品、包包、手表等为主导，近几年随着“轻奢侈”的品质体验感觉深入人心，服饰类有着较快的增长趋势。

“轻奢侈”的消费体验内涵在于人们对待生活态度的转变：从对满足内心虚弱和物质欲望到满足内心精神世界的真善美的需求的转变；从享受不断变换的刺激带来的快感到慢慢学会品味生活的味道的转变。“轻奢侈”带给我们的体验感受是对一种健康生活态度的追求，这也许是与奢侈品最大的不同。

二、“轻奢侈”定位的消费人群及特征

“轻奢侈”市场目前主要被国外品牌占据着，要想真正掌握中国的“轻奢侈”消费人群，还要从中国的品牌体验观念形成谈起。

中国对国外品牌观念形成的时间大约也就十几年的历史，这十几年也是现代百货发展最快的时间，短期内品牌观念的快速成长也造成了中国消费者的品牌体验认知较为复杂：熟悉品牌的人群比重小、品牌文化传播渠道不畅、品牌运营能力限制了产品品牌力、加之品牌庞杂容易产生混

淆等。

如此独特的品牌观念形成历史直接导致消费者只了解最基本的中国品牌和最高端的国外品牌。例如，红酒领域消费者最熟悉的是中国的长城和张裕以及最高端的拉菲，其他品牌只有一些小众群体不断跟随。服装服饰领域亦是如此，消费者更为耳熟能详的是大众品牌和高端奢侈品牌。但随着日益增长的生活水平带来的品牌消费意识的不断觉醒，越来越多的中产阶级消费者开始关注与自己真实需求相适应的品牌，希望通过这样的消费来获得属于自己品质生活的完美体验，喜欢“轻奢侈”品牌的人群也便随之越来越多。

（一）“轻奢侈”主要定位人群

在我国“轻奢侈”产品的消费人群有两类，一是富裕阶层的日常消费，以此体现其时尚度和生活品质，二是白领阶层体现自我个性的消费。

我国的轻奢侈品的主体消费人群分布比较广：从入门者到资深粉丝，从白领到金领阶层。他们具备一定的经济条件和鉴赏能力，对时尚行业有一定的了解，消费动机来自有保障的品质，追求高品位的生活以及社会地位与身份的彰显。而普通白领用户消费轻奢侈品则更多的是为了在工作繁忙之余，偶尔犒赏一下自己。但与专门消费高端奢侈品的买家相比，平均年龄会更低一些。

据有关报告估算，中国内地主流轻奢侈品消费人群已达总人口的16%，约2亿人。这些人主要生活在中国一、二线城市，月收入在1～5万元之间，并与奢侈品消费时有交集。从这个角度来说，轻奢侈品与高端奢侈品之间也并非泾渭分明。这些正在成长的消费者既会垂青数千元的轻奢侈品，也不会打消其用几个月的薪水来追逐天价珠宝、腕表的雅兴。

（二）轻奢侈消费者的显著特征

中国“轻奢侈”这几年呈快速增长态势，高增长背后主要是因为中国白领已然认同“体验式消费”的轻奢侈品的生活方式。

中国的轻奢侈消费者消费的主要品类是化妆品和手表配饰，这与高端白领更偏向于消费高档箱包有一些差别。很显然，广大的“轻奢侈”消费者把消费轻奢侈产品当作是体验式的入门级奢侈品消费。但近几年“轻奢侈”的消费品类已经不断扩展，越来越多的消费人群热衷于选择服装类的轻奢侈产品。

“轻奢侈”消费者每年平均消费2件轻奢侈产品。细分数据表明，在“轻奢侈”的高端消费人群里，每年对轻奢侈的消费平均在4件以内。这样的比例意味着国内轻奢侈消费的巨大潜力。

严格意义上来说轻奢侈的消费人群还不能清晰地划分标准，在很多场合，轻奢侈和奢侈品的消费人群是一并存在、时有交集的。特别是一些品牌有意为之的商业运作模式——通过多赢战略吸引复合型消费者，使轻奢侈消费群体更难以分清。但无论如何，有一点是清晰的：轻奢侈产品的消费人群不断增加也不断趋于细分，他们对自己专属的消费体验越来越清晰，他们也对适合自己的轻奢侈品牌的忠诚度也越来越强。

三、企业选择进入“轻奢侈”领域的几种模式

轻奢侈类产品作为目前最受主流购买人群青睐的最新流行趋势，不同类型的服饰企业以及百货公司都希望能够尽快找准切入点，在这个快速成长的消费品类分得一杯羹，不同类型的企业该如何通过深度挖掘和开发自身已有资源，从而成功打造适合自身品牌发展的轻奢侈产品平台呢？

我们认为，只有能够充分利用“轻奢侈”概念来为消费者提供非凡体验的企业，才能有效地运用“轻奢侈”来提升企业的竞争力，通过笔者的调研有几种模式可以供大家借鉴下。

模式一：奢侈品品牌以清晰的产品定位界限打造副品牌独特的“轻奢侈”体验感受

国际大型奢侈品品牌推行副品牌来抢占“轻奢侈”领域的市场份额已经不是什么新鲜事。譬如 Miu Miu 之于 PRADA、Emporio Armani 之于 Giorgio Armani、MARC BY MARC JACOBS 之于 MARC JACOBS、DKNY 之于 Donna Karan 等，但是真正能够成功地通过副品牌占据中高端客层群体的品牌并不多，究其原因是因为大多数的奢侈品牌和副品牌之间的界限并不清晰，无法营造出消费者真正需要的“轻奢侈”购物环境。

奢侈品牌要想打造被消费者认可的轻奢侈副品牌，最重要的就是与主品牌彼此保持设计的独立性以及对潜在消费者的细致把握。通过店面有效陈列，T 台走秀，宣传推广，品牌代言等一系列的方式将轻奢侈副品牌的独特内涵以体验营销的方式慢慢渗透在潜在消费人群中，并不断通过有针对性的 VIP 活动进行对副品牌整体体验感受的固化。

笔者最近接到了 D&G 的强劲促销短信，究其原因是来自意大利的 Dolce&Gabbana 奢侈品牌和其副线轻奢侈品牌 D&G 在市场定位和产品设计上界限不清晰，进而体现在通过很多相近的材质与设计给客户带来的消费体验很相似，致使大部分消费者都认为 D&G 就是 Dolce&Gabbana 品牌的简称，以为它们是同一个品牌。主线品牌为保持自身的尊贵奢侈形象准备“壮士断腕”砍掉 D&G，这是一个主线奢侈品牌延伸做轻奢侈品牌的失败案例。而 PRADA 和 Miu Miu 则成功地通过清晰的主副品牌划定，完美地展示了作为奢侈品与轻奢侈品牌的两种截然不同的消费体验，成为奢侈品品牌进入轻奢侈的典范。

PRADA 和 Miu Miu 两个品牌定位非常清晰，除了血缘关系的背景之外，设计风格和针对人群完全不同。纵观 PRADA 和 Miu Miu 近几季的新款设计，几乎没有任何关联，定位和目标消费者也完全不同，这让两者既能同台竞技，又能和平共处、各享各自消费人群。其具体运作模式是，PRADA 在剪裁、材料上下功夫，提高品质感和奢侈感，使 PRADA 一直成为奢华体验的代名词，甚至这种奢侈品牌体验已经成为一种文化，作为一些电影的象征意义。而 Miu Miu 在面料质感、印花、色彩等方面下功夫，为年轻消费者提供最新、最酷的设计，这样就使消费者在购买的时候，不仅能感受到是大牌的血统，更能感受到原创设计师精心的细节设计和材料的特殊选定，带给消费者一种既尊贵又实惠的“轻奢侈”体验。

PRADA 和 Miu Miu 的成功经验是：从根本上通过对不同购买人群的消费体验进行细致分析，进而运用清晰的材质和设计划分，实现市场占有率的不断提升且主副牌彼此之间并不互相影响。

奢侈品做副线品牌抢占轻奢侈市场，最重要的是在拥有一线品牌优良质地的款式特色的基础上，丰满副线轻奢侈品牌自身的个性设计感和独特性，持续打造独有的消费体验，尤其要兼顾消费者的时尚追求，并将奢侈大牌的价格档次向下延伸至平易近人的心理体验区间，让更多人在购买副线品牌的时候能够感受到物超所值。

例如英国殿堂级大牌 Alexander McQueen 的副线 MCQ，价格一般会比主线便宜了将近40%。可以通俗地说，奢侈品副线轻奢侈品牌是指奢侈品范畴在价格档次方面向下延伸至更多人消费得起的高档商品。而这种认知需要这些轻奢侈品牌的创造者利用更多的场合不断地传递给消费者这样的品牌体验。

当然奢侈品努力做这样的轻奢侈产品体验延展不仅仅能带来更多的销售，更重要的是这些“轻奢侈”的购买人群能给奢侈品高端大牌带来未来潜在的客户。因为作为统一血统的轻奢侈品牌，在通过自己的品质保障吸引这些入门级的奢侈体验客户的同时，这些人群将来随着身份和年龄的转变，都可以是忠诚的奢侈品体验客户。

模式二：快时尚品牌定期推出主打轻奢侈品牌，吸引更多体验客流

近几年快时尚受到众多消费者的热捧，一时风光无二。但随着进入快时尚领域的品牌日益增多，竞争也不断加剧，越来越多的快时尚品牌也在寻求转变，大家越来越通过塑造“轻奢侈”的体验式营销来吸引更多客流。

虽然“轻奢侈”与“快时尚”一直存在天然鸿沟，但快时尚品牌仍有机会进入轻奢侈领域。首先要从两者之间的差距入手，相对于快时尚来说，“轻奢侈”更注重独立设计与服装品质，快时尚品牌要想拥有更多的“轻奢侈”粉丝，就需要在一定时期内推出限量版的高品质大牌设计师产品，让潜在“轻奢侈”的购买人群通过快时尚推出的轻奢侈体验活动，将轻奢侈购买人群能够逐步吸引其到快时尚品牌购买常规用品。

较为成功的案例来自著名快时尚品牌 H&M，其与大牌共同推出联名作品引发了排队抢购潮，限量产品在短短几天之内就被抢购一空，而这些限量版的轻奢侈类商品被摆放在与其感觉相类似的快时尚商品周边，极大地促进了“快时尚”的消费购买。笔者调研到，在活动开展的第三天，越来越多的慕名者就已经只能看到空空如也的展柜和不断漂浮展示着限量产品的宣传旗，但是这些消费者并没有随即转身离开，而是被店内的其他快时尚商品所吸引，进行了有效购买。笔者询问了店内服务人员近几天的销售情况，他们难掩兴奋地说，发布联名作品的这几天，销售额提升了50%以上。究其原因，与其他快时尚品牌相比，这种以“相对合理价格 + 大牌设计师 + 限量品质生产”的轻奢侈产品对年轻人来讲更有诱惑力。这种排队抢购潮的现实可以揭示消费者对高性价比产品的渴求和对品质独享的渴望。

当然，快时尚品牌进军“轻奢侈”很多时候醉翁之意不在酒，它们更关注的是如何通过这样的举措吸引更高客流，促进店内快时尚产品的销售。快时尚商家通过利用“轻奢侈”的限量品类推出，不仅仅可以提升自身品牌的档次，也可以进一步挖掘潜在的客流。对快时尚品牌来说，形成有效购买力的客流比任何事都重要。

模式三：高端百货店打造轻奢侈品牌专营体验区域

除了服饰生产企业可以通过横向产品延展进军“轻奢侈”外，作为掌控终端的零售企业也可以通过引导终端客流较为轻松地进入“轻奢侈”领域。零售企业在进入轻奢侈领域时，以国际买手的采购形式，为优秀的国内与国际设计师打造一个聚集优秀设计产品的平台，并通过有效的轻奢侈品牌推广体验营销和客户关系的持续维护，打造一个良性的轻奢侈生态圈。

笔者曾经在北京的一些高端购物中心发现这样的销售区域：由国际国内较为出色的设计师品牌集合而形成，购物中心运营商会根据楼层自身定位，定期进行某一个品牌的时装发布会，通过不断的活动体验，逐渐将彼此独立的经营空间渐渐打造成为设计师聚集平台，这自然吸引了大量的“轻奢侈”购买人群前来体验消费。

这样的尝试不仅仅只发生在一线城市，笔者曾经在山东某地级市高端的百货店内发现其一整层都打造为高端女装会所：店内陈列商品汇集了众多国际国内的知名设计师品牌，商家别出心裁的在女装会所里请来了大提琴演奏家，并安排了精致可口的点心，甚至还有专门的品牌体验专区，分时段的展示不同品牌的历史和文化，这些综合的“轻奢侈”体验源源不断地吸引着本地中高端消费者，使其在家门口就可以轻松地体验“轻奢侈”带来的品质与时尚的双重体验。

高端百货这样做不是简单的作为“轻奢侈”的公益推广基地，而是因为国际国内著名设计师的独立品牌是“轻奢侈”的重要组成部分，对此他们深谙此道。在这些设计师还没有被市场过多接受之前，高端百货店为其提供成长平台的同时，也牢牢把握了这些最优质的“轻奢侈”上游设计资源，高端百货店相信轻奢侈品牌的流行为设计师提供了展示自我的平台。只要设计理念足够独特优秀，通过不断坚持产品品质与设计风格，总会慢慢地获得越来越多的粉丝追捧。

另一方面，高端百货店也希望借助轻奢侈品类对高端消费者的有效吸引，带动一层高端化妆品和珠宝的销售。笔者观察到，在地级市做的高端女装会所的百货店，一层都有相应的高端化妆品牌，例如CD、雅诗兰黛、倩碧、FANCL等。对于高端百货店来说，能够通过“轻奢侈”的体验营销有效吸引高端购买人群，是最重要的。

想要参与“轻奢侈”这场盛宴的企业，一定是坚持创新理念、恪守品质至上法则并能得到市场认可的企业，它们引导消费者不断实现品位升级。任何想走捷径或者想省略积累步骤的企业，都会在激烈的行业竞争中被淘汰出局。

踏实且用心地去感知不断扩大的日渐理性的中高端消费者，用真诚的创意、精挑细选的品质与合理的价格为他们带来对生活与未来的美好憧憬，是这些轻奢侈品牌应该做的最重要的事！

第三节　奢侈品消费，转向“体验式”

波士顿咨询公司（BCG）最新发布的报告称，在全球奢侈品市场中，高端消费正从产品转向体验。其中，艺术品拍卖会、水疗和游猎等奢侈体验的年销售额增速比高端产品快50%。由于个人奢侈产品被普遍看作地位和成功的象征，其在中国的销售额增长达到22%，高于世界平均水平。但体验式奢侈品年销售额增速更猛，达到28%。

与大众消费从“提袋式”向“体验式”转变一致，奢侈品消费也已经从积累物质产品向购买新体验升级。此外，当下年轻人崇尚的短暂享乐和奢华体验，以及消费者对“目的感”和“满足感”的追求，也促进了体验式奢侈品的发展。

越来越多的奢侈品消费者告诉我们，他们喜欢令人倍感满足的体验。但是，如果奢侈品企业想要利用这一体验趋势，它们必须迅速出击并采取有力行动。那么，企业如何抓住这一趋势呢？

什么是体验式奢侈品？

体验式奢侈品是消费者为了享受某种较高层面的精神享受而购买的一次性体验服务和产品。对于广义的体验式奢侈品客户来说，由于体验并拥有更多丰富内涵的高端体验性是奢侈品本身很重要的特征，所以体验式奢侈品是一种艺术化的高品质生活方式。区别一般消耗类奢侈品来说，广义的体验式奢侈品更关注的是人们内心的更高层次的精神需求，也是一种高端社会沟通的交流方式。体验式奢侈品的自需性购买要远远大于用于炫耀的他需性购买。

从笔者观察过的广义体验式奢侈品的几个主要品类，例如，水疗、高端诊疗服务、美容健康、奢华旅游、艺术品和艺术品顾问等专业顾问服务、高端定制、高端餐饮，豪宅的管家高端物业等，近几年都呈现出快速增长势头。

一、推动消费者转向体验式奢侈品的原因

据最新奢侈品研究报告显示，在全球最富裕的 12 个国家中，2011 年奢侈品和豪华服务方面总共消费了 1.4 万亿美元。其中，超过一半的钱（55%）都花在了旅游度假和品酒等奢侈体验消费方面，而不是购买昂贵的奢侈品。是什么原因导致体验式奢侈品消费超过了传统的奢侈品消费？通过深度观察，我们发现了以下几方面的原因，如图 6－3 所示。

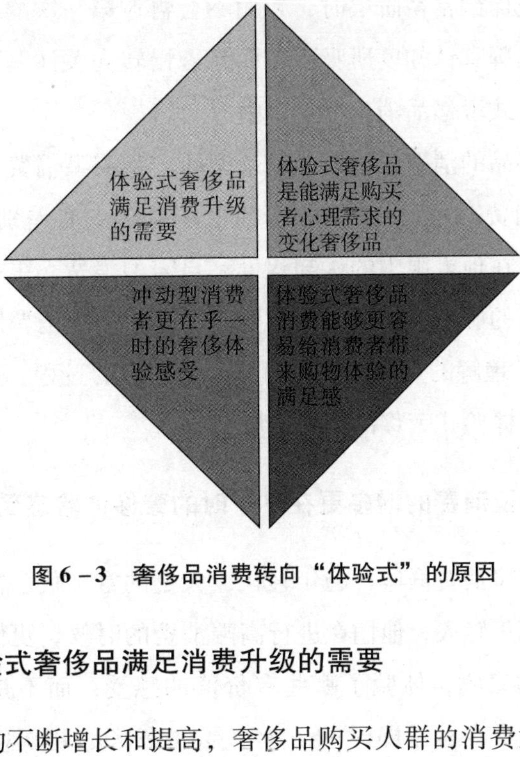

图 6－3　奢侈品消费转向“体验式”的原因

（一）体验式奢侈品满足消费升级的需要

随着经济的不断增长和提高，奢侈品购买人群的消费意愿悄然发生了变化：虽然不少消费者还是很关注传统消耗类奢侈品，但有些人已不满足于仅仅去使用这些高端消费品，他们更注重生活品质和生活体验的提升。买一些“新东西”的欲望远不如尝试一些新鲜的活动更吸引人，于是一些典型的体验式奢侈品——马球马术、高尔夫等就逐渐在富人阶层普及起

来。经过数据分析发现，很多奢侈体验产品兼具高品位的休闲特征。

这些变化表明整个中国高端消费者的消费意识有所升级，日益注重体验和品质。从物质转层面转向精神层面的追求，更贴近于奢侈品的本质。如今，不少企业家和高级白领们开始专注于自己喜爱的生活方式，比如，越来越多的人关注帆船而不是游艇。两者比较起来帆船比较偏生活方式，需要亲自参与运动；而游艇多用于商务宴请，是一种身份的象征。

（二）体验式奢侈品是能满足购买者心理需求的变化奢侈品

由于高端消费者的心智模型正在日趋成熟，特别是当大量的中产阶级消费者不断地充斥到富裕阶层时，人们不会再像第一次购买奢侈品时，直接被奢侈品的品牌和认知度所吸引，而是慢慢转向关注购买新的体验，这反映在最近体验式奢侈品消费增长率中。

人们对奢侈品的消费正逐渐从虚荣型的“他需型消费”转变为满足内心的“自需型消费”。两种消费心态的根本着眼点有差别：他需型消费，比较关注消费品在他人眼中的认知程度；自需型消费，更关注的是一种优质的产品和优质的服务。从他需型消费产品向自需型消费服务的转变是消费者对“奢侈”理解的升级，也是消费日趋理性的过程。这一消费态度的转变直接导致了体验式奢侈品消费的激增。

（三）冲动型消费的增多更在乎一时的奢侈体验感受

近几年的奢侈消费群体日趋年轻化，大量的富二代、富三代都是十几岁和二十出头的年轻人，他们在进行高端消费的时候，更倾向定义于他们做了什么新鲜的事物，体验了哪些有价值的感受，而不是他们拥有了什么。例如，他们更容易被即时的乐趣享受和奢华的初次体验所吸引，例如：直升机驾驶、在阿拉斯加的滑雪度假之旅等。

面对这样年轻炙热的高端需求，传统的奢侈品根本无法满足其精彩人生的体验需求，体验式奢侈品慢慢成为这些高端年轻消费者的主要选择。

（四）体验式奢侈品消费能够更容易地给消费者带来购物体验的满足感

随着物质的不断丰富，消费者的满足感越来越不容易获得，他们不断寻求更多的消费刺激，奢华体验往往比购买奢侈品更能满足这些愿望。最近的一项研究表明，与购买个人奢侈品的传统消费者相比，体验式奢侈消费者的愉悦程度是其三倍。同样的研究表明，最近的三年中，消费者购买个人奢侈品的满意度已经下降5%～16%，而在他们体验式奢侈品的满意度则上升了3%。这些发现证实了为什么越来越多的奢侈品消费者宁愿将钱花费在奢侈体验上。对于消费者来说虽然奢侈体验比和实物相比是无形的，但却令他们更加难忘。

二、企业如何享用“体验式奢侈品”这场盛宴

面对着这样不可逆的高端消费者的需求变化，奢侈品供应商应该采取哪些更有现实意义的方式来进行转型？奢侈体验供应商又如何通过商业模式优化来加强自己服务的体验感觉？笔者认为以下几个方面值得借鉴。如图6－4所示。

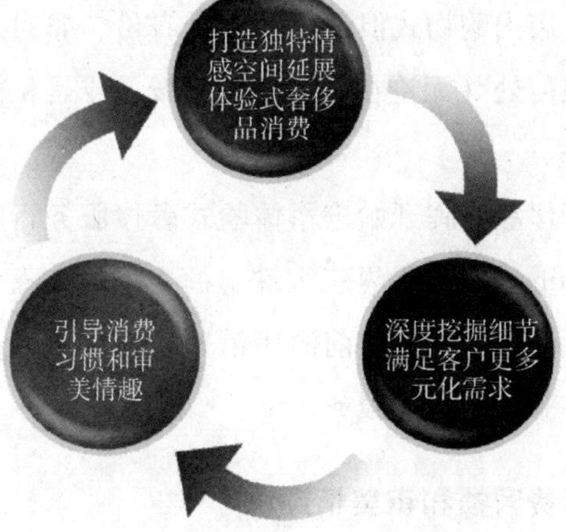

图6－4　如何打造体验式奢侈品

（一）打造独特情感空间，延展体验式奢侈品消费

每一个传统的奢侈品品牌，都因为其独特的品牌个性，长期凝聚着一批忠实的高端消费者。如果通过有效的产品引导，以奢侈品品牌信誉做平台背书，是可以有效延伸到体验式奢侈消费领域的。

国际著名的LV集团就依靠自己的品牌，逐渐延展到体验奢侈领域并获得了源源不断的消费认可。位于东京LVMH全球旗舰店内的Celux俱乐部是LV集团倾力打造的高端俱乐部，这里是一个奢侈品及奢侈服务自选的天堂：会员不仅可以第一时间购买LV的当季新品，还拥有订购各类奢侈品牌限量版商品的优先权。但这些仅是Celux会员所享受服务中的一部分，LV集团还利用其影响力，不断延伸到体验式奢侈品的消费领域：举办特别品酒会，推广顶级清酒；陆续推出全球大片的独家首映观影机会；打造按照客户需求定制化的高级公寓，会所内有样板间，等等。

奢侈品牌想要继续立于不败之地，就不能再将自己定位在精品制造商和经销商这样的角色上，而是要为巨富精英提供第一流的服务，使他们能够体验到梦寐以求的、独一无二的高品位享受。

奢侈品牌仍将继续为消费者制作量身定做的华服、手工打制的手袋，以及名家设计的珠宝首饰，但他们所能提供的尊贵享受远不止于此：一日的私人花园漫游、店内购物式俱乐部的会员身份、非对外开放的艺术展和电影展映，以及在何处（无论在出租车、机场，或是私人岛屿上）购物都可立即送达的服务。

越来越多的奢侈品品牌开始进军体验式奢侈服务行业：意大利著名时装品牌阿玛尼（Armani）和世界三大珠宝商之一的宝嘉丽（Bulgari）的假日酒店在近日先后落成。尽管目前酒店消费者档次不一，但消费者自始至终享受到的都是体验式的奢华服务。

（二）引导消费习惯和审美情趣

作为体验式奢侈品的提供商来说，简单的高品质服务已经不能时刻满

足日益挑剔、变化多端的高端客户的需要。要想满足这些高品位的人士的需要，只有“反客为主”，加强对高端人群的消费习惯的认知，通过对其审美情趣的精准把握，有效的引导客层人群接受并追随所提供的体验式奢侈服务，把控住高端人群的心智模型。

安缦酒店就是这样一家值得学习的榜样。世界上所有的酒店爱好者，必定都知道一个神秘的名字——安缦。甚至，安缦还催生了一个名为“安缦痴（Aman junkie)”的群体，他们每次度假总是寻找不同的安缦度假村来体验，他们把度假村视为旅行目的地，住遍所有的安缦度假村成了他们最大心愿。在这些高端人士心中，不是因为这块是旅游胜地才来，而是因为这里有安缦。

安缦是全球最著名的小型精品度假村集团，为了打造高品质的体验式奢侈品，他们极其善于营造隐世氛围，特别重视选址，挑选的地方多为远离尘嚣的“秘境”：北京的安缦颐和在颐和园内，每晚可以独享昆明湖的月光；印尼爪哇的安缦位于世界七大奇迹之一的婆罗浮屠三公里处；印度的安缦则是建在昔日莫卧儿王朝的遗址附近；柬埔寨的安缦则是在暹粒市原西哈努克国王行宫的建筑上改造而成，杭州的安缦法云在灵隐寺旁，是座千年的居士村落，独享着禅乐茶香……安缦集团不仅仅会为高端客户精选体验原地，更以尊重自然的手法进行重建，让所有消费者可以在这里满足对异域文化的渴慕，通过多样化的深层服务，使人们在满足感官欢愉的同时也满足了人们对创意及优雅生活的向往。安缦用自己无拘无束的自然风格和低调奢华的气质路线，引导着高端人群在这里安静舒心地享用体验式奢侈品。

正是因为对高端人群消费情感的精心引导，才使得大批高净值人群络绎不绝地光顾，即使最低也要800美元/夜，而大部分客户都会选择4天以上的光顾。

将对世界的审美和感知注入体验式奢侈品中，使得体验式奢侈品拥有灵魂，可以源源不断的产生出持久的魅力，吸引更多人去感悟生活。

（三）深度挖掘细节，满足客户更多元化需求

体验式奢侈品之间的竞争，在很多层面都是细节的考量，特别是随着整个体验式奢侈品市场的不断增长，同质化的竞争产品不断增多，更需要通过挖掘客户的真实需求来进行体验式奢侈品的产品设计。

高端定制旅游是体验式奢侈品最常见的产品，而对于高端客户来说定制化称心的旅游可以说是良好家庭生活方式的最直接体现。在兴业银行与胡润研究院联合发布的《2012 中国高净值人群消费需求白皮书》显示，目前中国个人资产在 600 万元以上的高净值人群达 270 万人，其中六成人表示会选择高端旅游服务。

这些人群会提出越来越多的需求，需要供应商来满足。笔者接触的北京某个高端定制旅游公司，推出的高端定制服务经常受到高端人群的追捧。因为其设计的旅游产品细致入微，直指内心本源：在其西藏深度游之行的活动里面，除了有精心设计的景点和饮食，更难得可贵的是，还准备了独享的参拜“活佛”活动，这对于一部分信佛的高端客层人群来说，具有不可比拟的杀伤力。这样的精心细节设置会直接导致客户重复购买其提供的产品。

对于这一类体验式奢侈品，谁能读懂客户内心关注的细节点，谁能将客户心中难以名状的美描述出来，谁就获得了客户持久的信任与依赖。

奢侈品消费逐渐转向体验式奢侈品消费，不仅仅是简单的购买物品向购买服务的转变，也是高端购买人群从对外求得灿烂繁华到对内求得宁静安详的过程，谁能够在这个过程中扮演好引路人的角色，谁就能举起体验式奢侈品这把象征着顶级生活品质的大旗！

后 记

笔者在和君咨询从事零售行业咨询已数年，初踏入这个行业是因为其较高的行业增长率、较大的行业规模以及多延展的行业空间而进行的理性选择。但随着在这些年各种零售业态中的实践，更多地感触到和接触到的是零售从业者的朴实与勤奋，拼搏与进取，特别是从一个个平凡的零售人身上体现出的奉献精神就更让人感动，自己也就越发地爱上了这个利润并不高的传统行业。

这本书的主要文章，出自《销售与市场》、《中国人力资源开发》、《商界评论》等杂志，其中特别感谢《销售与市场》杂志管理版的编辑绳娜，是她的敏锐洞察，发现了很多零售行业值得关注的点。也要感谢博瑞森图书的马优和崔蕾以及出版社的编辑们，是他们的辛勤工作，让这本书可以更快地呈现在读者面前。还要感谢和君的领导和前辈，王明夫、蔡萌、邱老师，是他们的鼓励和支持，让我更加努力地在零售行业专注深耕。最后我要特别感谢我所有的零售客户们，特别是德百集团总经理郭群，济南华联董事长李茂年，邢台家乐园副总裁刁保成，我们在常年的工作协作中，沉淀了深厚的忘年情谊，也正是源自他们对我的肯定，让我更坚定地在零售行业中耕耘。

书写此书最初的动力是希望将本人多年的零售实践成果和感想，与大家分享和讨论，由于时间和本人的阅历所致，此书难免有一些疏忽和瑕漏，希望能读此书的各位有缘人，可以随时发邮箱 dingyun@ hejun. com 联系我，我会积极地听取意见，并在以后更新版本中加以修正。

最后，祝天下所有零售人，健康快乐！

主要参考文献：

[1] 尼尔森. 2011 年第三季度中国消费者信心指数. 2011 - 12

[2] 招商证券. 2008—2009 中国购物中心发展报告. 2010 - 02

[3] 华威国际. 2010—2011 年中国百货行业调研报告. 2012

[4] 东兴证券. 零售业深度报告之：百货. 2012

[5] 海通证券. 百货行业研究报告. 2008

[6] 德勤、中国连锁经营协会. 2012 中国零售力量. 2012 - 08

[7] 商务部. 关于加快我国社区商业发展的指导意见. 2005

[8] 商务部. 国内贸易发展“十一五”规划. 2006

[9] 光大证券. 三江购物：甬城平民化超市下沉浙江二三线可期. 2011 - 02

[10] 中国商报网. 北京超市发逆势增长上半年零售增 10%. 2012 - 07

[11] 赢商新闻. 日本 7 - Eleven，本土化进程能否再次跨越困境. 2009 - 12

[12] 创业家. 便利店之王，当然不是 7 - 11. 2013 - 02

[13] 赢商新闻. 台湾便利店对大陆的启示. 2006 - 10

[14] 中购联泛商网. 台 7 - 11 连锁及配送系统. 2010 - 04

[15] 高等教育出版社. 肖怡. 零售学. 2003 - 06 第一版

[16] 国家质量监督检验检疫总局、国家标准化管理委员会. 零售业态分类. 2004.

[17] 证券导刊. 便利店的生财之道. 2012 - 07

[18] 德勤中国、中国连锁经营协会联合. 2012 中国购物中心与连锁品牌合作发展报告. 2012 - 12

[19] 麦肯锡. 迎接中国十亿城市大军. 2009 - 03

[20] 仲量联行. 中国新兴城市 50 强. 2012 - 03

[21] 中国证券报 · 中证网. 商业地产“高烧”降温政策可期. 2012 - 07

[22] 中国经营报. 中国奥特莱斯变形记：九成是山寨版. 2012 - 01

[23] 联商网. 美国摩尔购物中心——MALL OF AMERICA. 2011 - 09

[24] 波士顿咨询. 奢侈品的回归之路：企业如何应对奢侈品销售的更高要求. 2012 - 06

主要参考网站：

国家统计局：www. stats. gov. cn

联商网：www. linkshop. com. cn

中国连锁经营协会：www. ccfa. org. cn

ICSC 国际购物中心协会：www. icsc. org

慧博投研资讯：www. hibor. com. cn

FT 中文网：www. ftchinese. com

华尔街日报：cn. wsj. com

波士顿咨询：www. bcg. com

麦肯锡季刊：www. mckinseychina. com

财经网：www. caijing. com. cn

中购联泛商网：www. mallchina. net

各企业网站：胖东来、7 - Eleven、美宜佳等

和君集团简介

和君集团，中国本土最大的综合性咨询公司之一，其基本业务结构是：和君咨询 + 和君资本 + 和君商学。

和君咨询：管理咨询师和投资银行专业人才队伍超过1000人，累计服务客户数千家，在数十个行业里积累了丰富的案例和经验。

和君资本：为企业提供股权资金以及资本经营和市值管理的系统解决方案。

和君商学：为和君集团和客户选拔、培训和输送高级人才，同时为企业的管理培训提供系统解决方案。

和君集团“一体两翼”总体格局：以咨询为主体，以资本与商学为两翼，为客户提供包括咨询、资本和人才的组合服务。

使命与愿景：为企业、组织和政府提供有实效的思想、知识和方案，成为有传世意义的综合性专业服务机构！成为原创性管理方法、投资技术和商学思想的策源地，在世界商学流派和投资流派中造就一个和君学派！

和君集团联系方式：

电话：4006103699　邮箱：hejun@ hejun. com

网站：www. hejun. com　微博：e. weibo. com/hejunblog

博瑞森管理丛书

更多实战好书，请关注**“博瑞森图书直营店—淘宝网”**

淘 http://qiyeshudian.taobao.com/

宋新宇博士「简单」系列	 让管理回归简单 （升级版） 从目标、组织、决策、授权、人才、自我管理出发，提出最实用的解决方法	 让经营回归简单 （升级版） 从战略、客户、产品、员工、成长和经营管理者入手抓住企业经营的关键	 让用人回归简单 深度剖析用人的原则、难题、误区、方法，以及用人者的修炼，解决企业的用人难题
 7个转变，让公司3年胜出 李蓓　著	在消费者主权时代，从生产、营销、服务到组织管理，给出企业转型升级的具体操作路径	 升级你的营销组织 程绍珊　吴越舟　著	本土第1部营销组织实战专著，用有机性的营销组织力代替“营销能人”，打造战略统一、策略灵活、执行力强的高绩效营销队伍
 边干边学做老板 黄中强　著	一位创业20多年的民企老板的肺腑之言，带给老板86个实用忠告	 产品炼金术 史贤龙　著	告诉你打造畅销品的新思维与好方法
 卖轮子：选择最佳营销方式 【美】杰夫·科克斯等著	从新产品上市到市场成熟和企业转型，一个故事轻松把握营销精髓	 涨价也能卖到翻 【日】村松达夫　著	让每个顾客在你的产品上、在你的店里掏出更多的钱，让你的东西涨价也能卖到翻

续表

<table>
<tr><td>公司由小到大要过哪些坎
卢强　著</td><td>能长大的企业是有规律可循的，会依次经历试错、突围和转型 3 个阶段，让企业看清位置，并对接下来的路有所了解</td><td>成为优秀的快消品区域经理
伯建新　著</td><td>掌控市场 + 内部管理 + 常见误区 + 工具箱 + 自我提升，37 个“怎么办”全面系统分析区域经理的工作关键点</td></tr>
<tr><td>华夏基石方法：企业文化落地本土实践
王祥伍　谭俊峰　著</td><td>作者 10 年积累、原创方法、一线资料，毫无保留奉献，是企业文化落地真正有洞察力和实操价值的一本书</td><td>跳出同质思维，从跟随到领先
郭剑　著</td><td>有效的思维框架和工具、66 个企业案例深度剖析，帮助企业突破行业长期思维惯性，发现大片蓝海</td></tr>
<tr><td>传统行业如何用网络拿订单
张进　著</td><td>国内第 1 部针对中小企业的网络实战指导图书，作者以自己 10 多年的网络营销经验和研究积累为基础，为你带来最具实战性的建议</td><td>用流程解放管理者
张国祥　著</td><td>国内第 1 部针对企业的流程管理实战图书！实现流程管理从无到有、从有到全</td></tr>
</table>

书名及作者	内容简介
中层领导力 【韩】崔秉权等著	帮助中层管理者认清自身管理上的不足，快速提升领导力，更好地激发团队工作热情，实现下属、自身、企业的多赢
使命　驱动企业成长 高可为　著	企业的兴衰成败可以用一套经营逻辑和管理逻辑来解释，这套逻辑的起点和实践就是使命。这是中国第一部系统探讨企业使命的书
总部有多强大，门店就能走多远 IBMG 国际商业管理集团　著	像沃尔玛、家乐福一样，掌控千家门店，成就零售帝国
高员工流失率下的精益生产 余伟辉　主编	本书是国内第一部融汇西方先进管理模式，结合中国本土社情和企业实际，综合介绍精益管理推行过程中如何应对和改善员工流失的里程碑式专著
采纳方法：破解本土营销 8 大难题 朱玉童　著	新观点、新思维、实践案例，系统全面归纳总结、提供切实方法，各个击破解决营销难题
采纳方法：化解渠道冲突 朱玉童　著	立体介绍渠道冲突的现象、原因、解决方法及渠道管理的观点、工具、非常具有实战性。形式上创新、情景化，带给读者阅读的愉快感

续表

书名及作者	内容简介
我们的营销真案例 联纵智达研究院　著	本书精选和系统阐述了5个专经营销咨询16年的联纵智达公司的真实营销案例
用数字解放营销人 黄润霖　著	从营销中的各个问题出发，教会读者如何运用“营销的数字技术”，并能够运用公式和真实可见的数据赢得市场和管理团队
麻烦就是需求，难题就是商机 卢根鑫　著	通过从顾客身上不断发掘顾客真正强烈的价值需求，选择合适的产品载体，帮你挖掘出市场真实需要的商机
本土化人力资源管理8大思维 周剑　著	立足中国本土实践，针对民营中小企业的独特的人力资源问题提出了一个系统、实用的新理论，从实际出发，帮助中小企业重新认识和解决企业中人的问题
用流程解放管理者2中小企业规范化管理 张国祥　著	规范化管理不再是大企业的专利。张国祥老师将企业规范化管理的各个方面系统地讲述出来，为中小企业的规范化管理指明方向，值得广大中小企业借鉴
阿米巴经营的中国模式 李志华　著	阿米巴经营理论来自于管理学泰斗稻盛和夫，本书将该理论进行了中国本土化的发散和拓展，形成一套专业完整的体系，具有很强的工具性及学术、实战价值
集团化人力资源管理实践 李小勇　著	系统性阐述了集团化人力资源管理方面的内容，适合集团企业的人力资源专业人员阅读学习
老板、经理人双赢之道 陈明　著	从企业家和经理人尤其是“空降经理人”共生的角度出发，发现问题、化解矛盾，让沟通变得简单、透明，让双方实现共赢
走出薪酬管理误区 全怀周　著	本书梳理了薪酬体系构建中常见的8个误区，针对这8个误区，分别给出分析和解决方法
企业文化的逻辑 王祥伍　著	从这部书里，可以透彻了解文化、了解企业文化的根源，同时又不是高深和脱离实际的学术观点，读者会从中获得知识、得到点拨，或是感叹原来如此
快消品营销与渠道管理 谭长春　著	本书立足快消品行业，帮助老板、营销总监、区域经理等各层管理者解决自己日常涉及的员工管理和渠道管理事务
招招见销量的营销常识 刘文新　著	全面解开你的销量之谜，读完本书，你的每一个营销动作都可以提高销量、降低成本
回归本源看绩效 孙波　著	企业对于绩效管理的应用可能进入了神秘化和技术化的误区，本书回归绩效管理的概念和本质，梳理绩效与企业经营的关系
企业文化激活沟通 宋杼宸　安琪　著	企业文化对于组织沟通状况的影响是根本性的。本书系统阐述沟通与企业文化的关系，帮助企业构建提升沟通效能的企业文化解决方案
华夏基石方法：人才评价中心（超级漫画版） 邢雷 朱军梅 郑雪琴 张小斐著	国内第一本用漫画形式书写的人才测评专业书籍
企业二次创业成功路线图 夏惊鸣　著	本书是对企业发展中的一个具体阶段的思考，即从机会主义转向战略成长过程中的经营和管理问题的梳理
车间人员管理那些事儿 岑立聪　著	本书是作者十余年制造业员工管理工作的一线实践案例，作者用细腻平实的语言，讲述了自己在处理各种“疑难杂症”方面的经验和方法

续表

博瑞森行业丛书	
书名及作者	内容简介
白酒营销的第一本书 唐江华　著	国内第1部白酒营销实战指导图书，帮你打开白酒营销大门
白酒经销商的第一本书 唐江华　著	第1部写给白酒经销商的实战全指导，为你答疑解惑
食用油营销第1书 余盛　著	从食用油的概况入手，小包装食用油的营销常识、品牌战略、营销方法，以及细分品类分类营销手段
乳业营销第1书 侯军伟　著	乳业营销的第1本书！从区域性乳品企业的实际情况出发，捕捉到他们最大的特点和现实中存在的关键问题，梳理出一条清晰的脉络，并提出了明确的解决方法
新医改下的医药营销与团队管理 史立臣　著	本书立足最新医改政策的解读，提供丰富的本土企业实践案例，为民营企业指明方向，提供变革之路，以及具体的方法措施
农资营销实战全指导 张博　著	农资营销实战的第1本书！如何找到提高销售效率和服务价值的营销模式是整个农资行业的重要命题，而本书就为您提供了完美答案
精品银行管理之道 崔海鹏　何屹　主编	本书提出打造精品银行是中小银行发展的战略选择，并从产品、业务、经营、客户、风险、团队等多个角度入手，全面又贴合实际地为读者提供行之有效的方法
建材家居营销实务：新环境、新战法 程绍珊　杨鸿贵　主编	站在营销模式创新的角度，为行业、企业营销开辟了一条新道路，并提供了具体的操作方法与参考案例供读者切实学习使用
农产品营销实战第一书 胡浪球　著	农产品实战营销的第1书！立足本土，33个核心问题配合生动案例，农产品营销盈利不再难
医药营销与处方药学术推广 马宝琳　著	作者用平时的语言、轻松的笔触、原创的模型和亲身操作的成功案例，为大家讲述处方药医学策划如何让"平民产品"变成"明星产品"
新医改了，药店就要这样开 尚锋　著	中小型药店如何确定未来方向？如何立足于自身现有优势，分析或挖掘市场生态和需求？如何在竞争激烈的市场谋求突破和实现稳步增长？本书给你答案
零售：把客流变成购买力 丁昀　著	本书立足于本土实践，从整个行业的角度出发，分析业态特点，提出行业转型升级之道，并辅以大量实际案例，分析具体方法。零售行业必看的一本书
中国茶营销第一书 柏龑　著	本书扎根行业，各个击破，在茶叶营销独具特色的各个方面深入浅出的为读者提供具体方法

和君咨询丛书

书名及作者	内容简介
本土化人力资源管理8大思维 周剑　著	立足中国本土实践，针对民营中小企业的独特的人力资源问题提出了一个系统、实用的新理论，从实际出发，帮助中小企业重新认识和解决企业中人的问题
跳出同质思维，从跟随到领先 郭剑　著	有效的思维框架和工具、66个企业案例深度剖析，帮助企业突破行业长期思维惯性，发现大片蓝海
农产品营销实战第一书 胡浪球　著	农产品实战营销的第1书！立足本土，33个核心问题配合生动案例，农产品营销盈利不再难
零售：把客流变成购买力 丁昀　著	本书立足于本土实践，从整个行业的角度出发，分析业态特点，提出行业转型升级之道，并辅以大量实际案例，分析具体方法。零售行业必看的一本书
待出版，敬请关注	
商业模式与品牌营销 杨旭　林子力　主编	需求为本，梳理产业价值链上的各方需求，找到一种能够满足各方需求的盈利模式，从而提升公司的地位和价值

博瑞森管理丛书
征稿启事

当中国和中国企业崛起成为全球共识,本土管理咨询、管理研究与创新正随之兴起。

谁是中国企业最信任、最渴求的管理专家?

何种管理思想、方法更适合当下中国企业?

博瑞森图书联合国内诸多管理专家、专业媒体、出版社向本土管理咨询师、企业管理者、管理研究者征稿!希望通过“博瑞森图书”这一本土管理图书的出版平台,为广大管理专家提供研究、创新成果展示机会,让更多有利于中国企业崛起的好思想、好方法迸发出来,为企业助力,为中国加油!

无论您目前是否已有待出版的内容,只要您认为自己的思想符合我们的出版方向、标准,请您与我们联系,将您的个人简介、或博客链接、或文章等相关个人资料发送到:bookgood@126.com.我们将会协助您策划图书选题方向、整理内容资料、制定写作计划,并按照商业化出版模式出版、发行、推广您的作品。我们在为读者寻找好内容、出版好书,所以**特别说明:此活动绝非“自费出书”,不向作者收取任何成本、费用。**

其他联系方式:010-84645015 qq:1963328416

博瑞森图书已出版图书示例:《让管理回归简单》、《让经营回归简单》、《让用人回归简单》、《中层领导力》、《涨价也能买到翻》、《用流程解放管理者》、《边干边学做老板》、《卖轮子》(获2010年和讯年度图书奖)、《交易心理分析》(获2011年度上海“第一财经日报”投资图书奖)。